# 当たりすぎてつい眠れなくなる
# 心理テスト

中嶋真澄



三笠書房

晴れたり、雨が降ったり――
まるで天気のように揺れ動く、
私たちの心。

心理テストは、
そんな〝心の秘密〟を解き明かします。

ページをめくるたび、
「知らなかった自分」に
出会えるかも!?

# はじめに……「日常のよくあるシーン」から、何もかもが見えてしまう50問！

ふだんのなにげない行動や、日常のよくあるシーンでどんな反応をするかに、あなたの〝心のうちにあるもの〟が透けて表われます。
誰でも自分では意識していない、なかば無意識にやっていることがあるのです。

本書の心理テストでは、そんな「一日の中でのよくあるシチュエーション」から、どうするか、どう感じるか、どんなふうに考えるか、どんなことを想像するか、あなたの心のうちを探っていきます。

本当はどういう人なのか、真の性格や心の奥底に潜む願い、気づいていなかった長所や能力までが浮かび上がってくるはずです。

他人に対する思いや、周囲との関わり方のクセ、
人に知られたくない感情、隠していた欲望も明らかになるでしょう。
もちろん、ワクワク・ドキドキの恋の心理にも焦点を当てました。
選んだ答えについての診断からは、「アッ！」という驚きや、
「ハッ」とする気づきが得られる瞬間があると思います。

各テストの診断では、なぜそうなるのかがわかる解説と同時に、
微妙で繊細な心の動きを描写していきます。

楽しみながら、大いに期待しつつ、やってみてください。
あなたの心にヒットすれば幸いです。
その先は、あなた自身が主役の物語につなげてください。

パーソナリティー研究家　中嶋真澄

もくじ



# 1章 「自分」と「あの人」の本心が、面白いほど透視される！

身近なところから、こっそりすべてが読める！

## 2章

# 一問答えるごとに、「真の性格」に光が当たる！

人に見せている顔は、ニセの顔かも!?

3章

モテ期、愛情表現、秘めた欲望……

## その〝恋のゆくえ〟まで読めてきてしまう！

## 4章

# お金・仕事・未来——深層心理はすべてを知っている！

今のことも、これからのことも

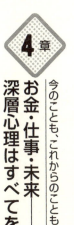

イラストレーション☆加納徳博

# 1章

身近なところから、こっそりすべてが読める！

# 「自分」と「あの人」の本心が、面白いほど透視される！

TEST 1

## カフェに入ったら、どの席に座る？

一人でカフェに入ったとき、次のような席が空いていたとしたら、あなたはどの席に座りますか？

Ⓐ 入口から全体が見渡せる席

Ⓑ 他の客から見えにくい隅のほうの席

Ⓒ 店の人の様子が見えるカウンター席

Ⓓ 他にも一人客が座っているテーブル席

TEST 1 診断

# カフェで座る席から、あなたの「人との距離感」がわかります

どのような席に座るかで、人との距離のとり方や縄張り意識がわかります。あなたは、人に対してどのような構えを持っているでしょうか。

**Ⓐを選んだ人……仕切りたがりで、つねにリーダーでいたい！**

あなたは支配欲が強く、自分がその場を仕切り、人や物事を思い通りに動かしたい人。他人に対しては攻撃的。縄張り意識が強く、向こうからやってくる者は、自分のテリトリーを侵《おか》す敵と見なす傾向が。一方で、味方や自分を頼ってくる者は守ろうとします。その能力を健全に活かせば、よいリーダーシップを発揮できるでしょう。

**Ⓑを選んだ人……一人でいるのが落ち着く。ずっと人と一緒は疲れる**

あなたは人から離れて距離を置くことで、自分の縄張りを確保しようとする人。外の世界は自分を脅《おびや》かすものに満ちていると感じ、そこから身を引いて自分の世界に引

きこもることで内的な平和を得ようとします。人から理不尽な扱いを受けたり、何かを強制されると、テコでも動かないことで〝受け身の攻撃性〟を発揮します。

**Ⓒを選んだ人……こだわらない、気にしない、自由な距離感をとる**

あなたはあまり縄張り意識を持たない人。自分や他人のテリトリーを意識せず、自由に動き回っている人なのでしょう。友好的で、誰とでもこだわりなくつきあえる人だと周囲からは思われそうです。ただ、自分が縄張り意識を持たないぶん、相手の縄張りに急接近しすぎるところが。相手が同性ならそのために反感を持たれることもあります。異性なら、何か特別な好意を持っていると勘違いされそうです。

**Ⓓを選んだ人……誰かといるのが安心。人の温もりがほしい**

あなたは、人の気配や温もりを感じていたい人。他人との距離感が比較的近く、自分と他人との境界線が曖昧《あいまい》なところがあるようです。周りに人がいる環境が落ち着くのでしょう。しかし一方で、自分のテリトリーに踏み込まれたくない人の縄張りに知らずに侵入してしまい、相手に居心地の悪さを感じさせてしまうことがあります。

TEST 2

## 夜遅く、料理を何か作ってもらうなら——

夜遅く、くたびれてお腹をすかせて帰ってきて、
誰かが料理を作って待っていてくれるとしたら、
あなたはどんな料理がうれしいですか？

Ⓐ 根菜の煮物

Ⓑ 甘い卵焼き

Ⓒ 鶏《とり》のから揚げ

Ⓓ 肉じゃが

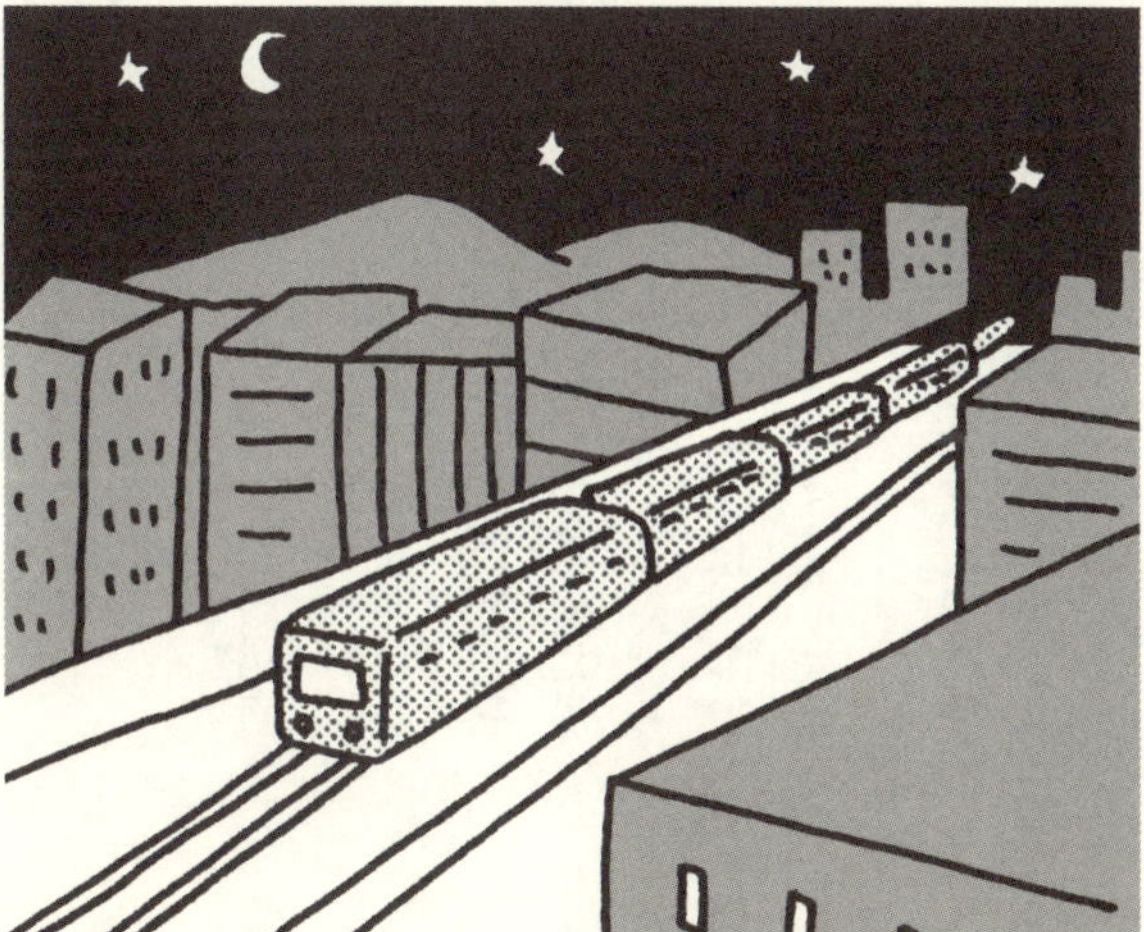

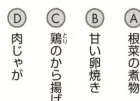

## TEST 2 診断

# 深夜に作ってもらいたい料理から、あなたの「寂しがりや度」がわかります

夜遅くに作ってもらえる料理は、あなたの孤独を癒し、寂しさを慰《なぐさ》めてくれるもの。どんな料理を選んだかで、あなたの寂しがりや度が診断できます。

**Ⓐを選んだ人……寂しがりや度★★★　寂しいのに我慢しがち**

根菜の煮物は、だし汁と煮込んだ野菜の味と香りが、なつかしい家に帰ったような気持ちにさせてくれ、心も体も癒してくれるヘルシーな料理。あなたはちょっとお疲れ気味かも。誰かに頼りたいのに、大人のふりして一人でがんばっているのでは？　本当は寂しがりやなのに、自分が寂しがりやだとは認めようとしないでしょう。

**Ⓑを選んだ人……寂しがりや度★★★★★　手に負えない甘えん坊**

甘い卵焼きは子供が好む料理です。あなたは、子供の心を持ったまま大人になってしまった人。本当は子供のように駄々《だだ》をこね、誰かにべったりと甘えたいのに、甘え

させてくれる人がみつからない。そんなとき、なんだか寂しいと感じてしまうようです。無邪気なようでいて傷つきやすいところがあるので、恋はまだまだ波乱含み。

**Ⓒを選んだ人……寂しがりや度★　いつまでも気ままに自由でいたい**

鶏のから揚げは、子供や若くて元気な人の好む料理。あなたはそれほど、深い孤独や寂しさを感じたことはまだなさそう。恋はしたいけど、自由でいたい、誰かにうるさく構われたくないと思っているようです。まだまだ、気ままに人生を謳歌《おうか》していたいタイプ。

**Ⓓを選んだ人……寂しがりや度★★★　家庭にいれば寂しくないと信じる**

肉じゃがは、女性が結婚するまでに作れるようになっておきたいと思う料理の一つ。また、彼氏が彼女に作ってもらいたい料理でもあります。肉じゃがを選んだあなたは、幸せな結婚に憧れる気持ちが人一倍強いようです。結婚すれば、人は孤独でなくなると思っているのでしょう。

## TEST 3

# 友達と、別々のメニューを頼んだら、分けあう？

友達とランチ。

「おいしそうだね」
と言いながら、別々のメニューを注文。

あなたは友達とレストランで
別々のメニューを頼んだとき、
料理を分けあいますか？

Ⓐ まず自分の料理をとり分けて、相手にあげる。

Ⓑ ちょっと分けあおうかと、味見程度に少しずつ交換する。

Ⓒ 自分からはしないが、相手が味見したそうなら分けあってもいい。

Ⓓ 分けあわずに、お互い自分が注文したものを食べる。

## TEST 3 診断

# 友達との食事の分けあい方から、あなたが「恋人に甘えるタイプかどうか」がわかります

食べ物を分けあう行為には、コミュニケーションの仕方と同時に、愛情表現の仕方が映し出されています。選んだ答えから、あなたの甘え上手度を診断しましょう。

**Ⓐを選んだ人……とても甘え上手！　おねだりもできちゃう**

自分の料理を相手のお皿にとり分けてあげる人は、自分から人との距離を縮めていく人。もともと愛情豊かな人で、相手を自分に甘えさせ、それから自分も相手に甘えていきます。恋人に対しては相手の気持ちを思いやりながらも、さりげなくかわいく、ほしいものやしてほしいことをおねだりし、自分の要求を通してしまえる人です。

**Ⓑを選んだ人……甘えたいのに素直に甘えられないタイプ**

食べ物を交換しあうのは、親密さの表われですが、そこにはなお相手との心理的距離があります。あなたは与える愛情よりも、求める愛情のほうが大きく、自分が甘え

たいタイプです。ですが、受け入れてもらえないと傷つくので、自分を抑えているところがあります。それは恋人に対しても同じ。自分が甘えたいがゆえに、相手に甘えられても受け止めきれず、ちょっともどかしい思いをしているようです。

**Ⓒを選んだ人……相手の様子を気にして、素直に甘えられない人**

相手の出方がわからなければ、どう接していいのか迷います。あなたは相手との親密な距離のとり方がわからず迷う人。恋人に対しても、素直に甘えることができません。自分が甘えられないと、相手を甘えさせてあげることもできにくいものです。

**Ⓓを選んだ人……「甘えること」＝「媚を売ること」と感じる**

料理を分けあう習慣のない人は、なかなか人と親密になれないようです。自分から相手との距離を縮めることが難しく、ふだんから人に甘えるということがあまりなさそう。他人の甘えを受け止めることもできにくいようです。甘えている人を見ると、媚《こび》を売っているように思えるのでは？

TEST 4

## あの人の「別れ際の姿」をイメージしてください

一緒にどこかへ出かけた後の別れ際、
姿が見えなくなるまで、ずっとあなたを見送ってくれる人、
すぐに背を向けて去っていく人。

あなたの心に浮かぶ友人・知人・恋人は、
どちらのタイプでしょうか？

Ⓐ 姿が見えなくなるまで、ずっと笑顔で見送っている。

Ⓑ すぐに背を向けて、去っていってしまう。

TEST 4
診断

## 自分を見送ってもらうときのイメージから、「その相手の性格」がわかります

ちょっとした行動の違いが、人の性格をよく表わしています。見送り方から、あの人の心のうちを解説しましょう。あなたが思い浮かべた人は、きっとこんな性格。

### Ⓐを選んだ人……愛情深く、人に尽くすのが好きだが、嫉妬深い面も

いつまでも見送ってくれる人は、気持ちのつながりを求めている人です。心あたたかく親切で、思いやりがあります。友達とは「○○ちゃん」とか、ファーストネームで呼びあうような間柄になることを望みます。あなたが何か困っていることがあるのを知れば、心配して助けてくれようとするでしょう。

この人から何かしてもらったら、忘れずに「ありがとう」の気持ちを伝えましょう。モノでお返しするよりは、言葉で気持ちを伝えたほうがいいでしょう。過剰に遠慮される可能性があります。プレゼントは自分がもらうより、あげるほうが好きな人です。

この人があなたの恋人やパートナーである場合、とても愛情深く、尽くしてくれる

タイプ。自分は他の異性にも親切にするのに、自分のパートナーが他の異性と仲よくしているとヤキモチを焼きます。実はとても嫉妬《しっと》深く独占欲の強い人でもあるのです。

## Ⓑを選んだ人……クールに見えて、自分が拒絶されるのを恐れている人

すぐに背を向けて去っていく人は、自分の弱みを見せたくない人。この人にとっての弱みとは、やさしさや繊細さ、愛を求める純粋な気持ちです。すぐに背を向けられたほうはなんとなく寂しいものですが、実はこのタイプの人は、拒絶される前に自分から先に人を拒絶することで、傷つかないようにしているのです。もっとも、本人はそれを自覚していないので、クールな強い人に見えることも。

こういう人と関わるには、あなたが率直にものをいうこと。友達なら、あなたのほうから連絡をとり、つながりを保ち続けるようにするといいでしょう。

恋人やパートナーがこういうタイプの人なら、言葉での愛情表現は下手なのであまり期待せず、一緒に食事をしたり、グラスを傾《かたむ》ける時間を大切にするとよいでしょう。けんかになると、すぐ「別れよう」などと言い出しかねません。あなたのほうがやさしさを示してあげましょう。

TEST 5

# 新しいボールペンを買うなら?

ボールペンをなくしました。

新しいボールペンを買いたいと思います。

どんなボールペンがほしいですか?

Ⓐ 三色・四色ボールペン

Ⓑ 書いた字を消せるボールペン

Ⓒ 高級ボールペン

## TEST 5 診断

# ほしいと思うボールペンから、あなたの「人生観」がわかります

ボールペンは、日常の中でさまざまなことを書き記す道具。そんなボールペン一本の選び方からも、あなたの心のうちが見えてきます。あなたが自分の人生をどんなふうに考えているかを診断しましょう。

### Ⓐを選んだ人……「人生には、いろいろな可能性がある」

あなたはボールペンに限らず、カラフルなもの、多機能なものが好きなはず。一つでいろいろ楽しめて、便利に使えるからです。

自分の人生もそんなふうに、さまざまな可能性に満ちていると信じていることでしょう。恋も仕事も遊びも楽しみたい。いろいろなところに旅行し、ちょっとした冒険もしてみたい。きっとあなたは、人の三倍も四倍も人生を楽しめるはず。人生はつらいことや苦しいこともありますが、あなたなら軽やかに乗り越えていけるでしょう。

## Ⓑを選んだ人……「人生、ときにはやり直したい」

従来、ボールペンで書いた文字は、消しゴムなどでは消せないものでしたが、ヘッドのところで擦《こす》れば消せるボールペンが近年、登場しました。この消せるボールペンを使いたいあなたは、自分の過去のちょっとした過《あやま》ちを消してしまいたいと思っている人。あのときに戻って、やり直せるならやり直したいと思っているのでしょう。

でも、その過去があるからこそ今のあなたがあります。前向きに生きましょう。

## Ⓒを選んだ人……「私の人生、必ず成功してみせたい」

あなたは、人は外見で判断されると思っている人。第一印象が大切と考え、着る物や持ち物にも気を配っているはず。自分が価値ある人間だと見なされたいという気持ちが強いようです。あなたにとって、価値ある人間とは〝社会的に成功した人物〟なのです。あなたは、自分も勝ち組になるために人には見せない努力をし、見栄を張っているところもあるでしょう。

けれど、高級ボールペンで書いた内容も、その内容が薄っぺらではいただけません。見栄を張るだけではなく、本当の実力を身に着け、内実《ないじつ》を整えてゆきましょう。

TEST 6

# 今日は台風。何をして過ごす？

激しい雨や風をともなう、
猛烈な台風が上陸しました。
幸いにも今日は休みですが、
あなたはどうしていますか？

Ⓐ なんとなく体調が悪くて
何もする気になれず、
家でゴロゴロしている。

Ⓑ なんとなく落ち着かず、
そわそわ、ワクワクし、
じっとしていられない。

Ⓒ とくにふだんの休日と変わらず、
今日一日何をしようかと考える。

## TEST 6 診断

# 台風の日の気分から、あなたの「自信があるかどうか」がわかります

天候の変化によって、その日の体調や気分が影響を受けることがあります。また、そういうことに敏感な人とそうでない人がいるようです。そこから、あなたの気分の状態がわかり、また、あなたが自信のある人かどうかがわかります。

### Ⓐを選んだ人……ナイーブで繊細。もっと自信を持ってもいいはず

あなたは内向的なところがあり、自分の内面の状態に意識が向かいがち。自分自身の体調や気分の変化に敏感になりやすいところがあります。そうすると、自分はだめだという気持ちが強くなって、根拠のない自信喪失に陥《おちい》ってしまうのです。

そのような状態に陥らないためには、ふだんから心身のコンディションを整えるようなヨガや瞑想《めいそう》を行なうことがおすすめです。専門家のアドバイスを受け、漢方薬やアロマセラピーなどを試してみるのもいいかもしれません。

## Ⓑを選んだ人……自信過剰？　向こう見ずで危なっかしいところも

あなたは外向的なところがあり、自分の外の世界に関心が向かいやすい人のようです。ふだんから外の世界に向かって行動に駆《か》り立てられているところがあります。何か非日常的なことがあると、ますますハイテンションになり、自分に対する根拠のない過剰な自信が生じます。自分は何かすごいことができるのではないかという期待に胸が膨《ふく》らみ、危険な行動に向かうこともありそうです。暴風雨や災害時など、くれぐれも慎重に行動してください。

## Ⓒを選んだ人……自信ありげに見えるけど、〝鈍感〟な面も

あなたは外に向かっては行動を自重し、内に向かっては自分の気分や感情をコントロールしている人。外界に対しても、内面の世界に対しても、理性のバリアを張りつねに平常心でいようとしています。そのため、外からの刺激に対しても、自分の内面の感情や気分についても、感覚が鈍《にぶ》くなり、とくに何も感じないような状態になっていることが。それが自信につながっているようにも見えますが、あなたの場合、もっと自分自身の感情に触れ、体調の変化にも敏感になったほうがいいかもしれません。

TEST 7

# 洋服の〝買いどき〟はいつ?

好きなブランドの服を買うなら、
いつ、いくらで買いますか?

Ⓐ シーズン新作のときに、定価で。

Ⓑ 会員限定プレセールで、30％引きで。

Ⓒ セール中盤に、50％引きで。

Ⓓ セール終盤に、80％引きで。

## TEST 7 診断

# 服を買うタイミングから、あなたの「プライドの高さ」がわかります

好きなブランドの服は、自分の個性や魅力を表現し、演出するものでもあります。その服をいつ手に入れようとするかによって、あなたのプライドの高さがわかります。

**Ⓐを選んだ人……プライドの塊！　だからこそ余裕を装う**

定価で買うあなたは、わりと強気でマイペース。人には負けたくない、つねに自分がトップでいたいと思っている人ですが、その競争心を表には出さず、「人は人、自分は自分」という余裕の態度で、悠然《ゆうぜん》と構えていようとします。とてもプライドの高い人ですが、それを上手に押し隠しているようです。

**Ⓑを選んだ人……「私は特別」と思いたい！　水面下で対抗心がメラメラ**

会員限定のセールで買うあなたは、特別待遇を好む人。「自分は特別に選ばれた人」であり、その他大勢とは違うというプライドを持っています。自分と同程度か、

それより少し上の魅力や能力を備えた人をライバルと見なし、対抗心を燃やします。それが「負けないわ」という心の張りにもなっています。その一方で、人に好かれたいという、意外に素直で愛らしいところを見せることもある人です。

**Ⓒを選んだ人……人並みで、「中の上」くらいで目立たずにいたい人**

50％引きになったところで買うあなたは、あまり競争心の強くない人。目立ちすぎない「中の上」くらいの立ち位置が居心地よさそう。競争心を燃やしても疲れるだけと思っているのでしょう。人に対抗心を持たれないために、できることもできないふりをしたり、謙遜《けんそん》して見せるところにあなたのプライドが透けて見えます。

**Ⓓを選んだ人……競争なんてしたくない！　和気あいあいがいちばん**

80％オフになったら買うというあなたは、人と競争することに興味を持たない人。むしろ、競争からは降りていたいタイプ。競争心やライバル意識をむき出しにした人とのつきあいは苦手です。友達づきあいは、話のあう人と和気あいあいとした雰囲気で過ごせればよく、それ以上に深入りする気持ちはないようです。

## TEST 8 矢印の方向に、進んでみてください

次の問いに、Q1から順に答え、矢印の方向に進んでください。

Q1：どっちに行きたい？
**ホテルのディナーショー　⇩Q3**
**マグロの解体ショー　⇩Q2**

Q2：男が言った一言。
女性はどっちの男と結婚すべき？
**「必ずきみを幸せにするよ」　⇩Q5**
**「金のことなら心配するな」　⇩Q4**

Q3：電車やバスの中で赤ん坊を見かけたら？
思わず微笑んでしまう。　⇩Q6
泣いたらうるさいだろうなと思う。　⇩Q5

Q4：住むならどっち？
ロフト（倉庫）ふうの何もない部屋　⇩Q9
アンティーク家具の置いてある部屋　⇩Q7

Q5：素肌に着てみたいのは？
革ジャン　⇩Q7
絹のローブ　⇩Q8

Q6：ベッドや寝るところの近くには、
今でも人形やぬいぐるみを置いている。
はい　⇩Q11　いいえ　⇩Q8

Q7：雨にぬれたら？
風邪をひくかも。　⇩Q10
別に平気だ。　⇩Q9

Q8：洗濯物がよい香りになる洗剤。
どっちの香りを使いたい？
シトラスミント　⇩Q10
フローラルブーケ　⇩Q11

Q9：好きな人の前では……
感じよくふるまい、親切にする。　⇩Q12
ついぶっきらぼうになる。　⇩Ⓐ

Q10：午後のお茶の時間は……
お友達と一緒に、紅茶とケーキをいただく。　⇩Q13

一人でコーヒー、時間がなければ缶コーヒー。　⇩Q12

Q11：夕食の買い出しに行ったとき、少しお金が残ったら何を買う？

もう一品、好きな飲み物か食べ物を買う。　⇩Q13

小さな花束を買って部屋に飾る。　⇩D

Q12：自分に非はないはずなのに、人に誤解されたら？

きちんと話をして誤解を解きたい。　⇩B

言い訳はしない。黙っている。　⇩A

Q13：便秘・生理痛・恥骨《ちこつ》といった言葉は……

恥ずかしくて、人前で口にしたことがない。　⇩D

そんなに恥ずかしくはない、

ふつうに使っている。　⇩C

## TEST 8 診断

# 選んだ答えから、あなたの「オトコマエ度・オトメ度」がわかります

世の中には「男らしい」性格の男性もいれば、「女らしい」性格の男性もいるし、「女らしい」性格の女性もいれば、「男らしい」性格の女性もいるものです。

現代は、男だから、女だからという固定観念にしばられず、自分らしい生き方を求め、実現していくことのできる時代です。

このテストでは、「男らしさ」「女らしさ」の尺度から、あなたのオトコマエ度・オトメ度を測ってみました。

### Ⓐを選んだ人……さばさばして器が大きい「オトコマエ」タイプ

きわめて男性的なタイプ。男気があって、自分は人に頼らないが、人から頼られると放っておけない人情派。複雑でナイーブな感情を持たないがゆえに、すぐ熱くなる正義感と純情さがあります。あなたが男性なら、気風《きっぷ》のいいオトコマエの男です。

あなたが女性なら、さばさばしたオトコマエな女といえるでしょう。人には頼らず、

自分の弱さを表に出さない一方、弱さを抱えた人や世の中から排除されがちな人の味方になり、守ってあげたくなるでしょう。

このタイプの人は、これから先はよりシンプルに、自分なりの美意識を体現すべく〝粋《いき》〟を目指しましょう。ただただ単純で武骨《ぶこつ》な人間にはならないよう。あなたのオトコマエな性格は、粋な男・粋な女につながっています。

## Ⓑを選んだ人……競争にこだわる、媚びない「オッサン」タイプ

男性的な要素の多い人。あなたが男性なら、「男とはこういうもの」「女はこうでなければ」という固定観念にしばられているところがあり、より男性度の高いオトコマエの男より、女性を受け入れるキャパシティーが狭そう。また、男同士の順位にこだわり、競争的になりがち。それを「女にはわからないよ」なんて言っているのかも。

あなたが女性の場合は、「男っぽい女」です。周りからはあまり「女らしくない」とか、「色気がない」と言われてきたかも。しかし、男性的要素の多い女性だからこそ、男に媚びず、やりたいことをやれる面があります。ただ、年を重ねるごとに、オッサン化していきそうです。あなただけの色気を磨いてゆきましょう。

## Cを選んだ人……気くばりややさしさを見せる「オバサン」タイプ

女性的な要素の多い人。あなたが男性であれば、自分はそれほど男らしくないと感じていることでしょう。「もっと男らしくしろ」と他人から言われても、しんどく感じるはず。そこで、つい「女はラクでいいよな」といった発言をしてしまうことが。自分が女でないからこそ、「女だったら、こんなに苦労しなくても済むのに」「男だから、自分は生きづらい」と思っているようです。

あなたが女性の場合は、ふつうのおねえさん。男性の目を気にし、「女らしい」気くばりややさしさを見せる顔も持ち合わせています。周りの男性には「男らしさ」を期待しすぎて、失望することも。年を重ねるごとに現実的になり、「男なんて、たいしたことないわよ」とオバサン化していくでしょう。ポジティブに物事を考え、生き生きとした毎日を送りましょう。

## Dを選んだ人……ピュアで繊細な乙女心を持つ「オトメ」タイプ

きわめて女性的。乙女度が高い人です。やさしく繊細で、ロマンチック。あなたが男性なら、乙女心を持ったオトメン。世間一般の「男らしさ」や「男はこうでなければならない」と決めつけるような価値観には、大きな違和感を抱いていそう。あなたは平和を求めるやさしい人。人を癒す力もあります。周りに傷ついた人やつらさを抱えている人を引き寄せ、彼らの居場所を作ってあげられるでしょう。

あなたが女性の場合は、純真な乙女の真心を持っている人です。どこかファンタジーのような、現実からは少し浮遊した世界に住んでいるのかもしれません。一見か弱く見えても、乙女はいつまでたっても乙女のまま。あなたを愛してくれる人々に支えられながら、その世界を大切に生きてゆきましょう。

TEST 9

# 旅先で寝るときは、どんな格好？

旅先でホテルや旅館に泊まるとき、
あなたは、夜は何を着て寝ますか？

あまり旅行に行かない人は、
実家に帰ったときや友人の家に泊まるときのことを
思い浮かべてみてください。

Ⓐ ふだん、家で寝るときに着ているパジャマやルームウェアを持っていく。

Ⓑ 宿泊先に備えつけの（そこで貸してくれる）浴衣やパジャマを着て寝る。

Ⓒ 浴衣やパジャマなどは着ずに、適当にTシャツとか下着のままで寝てしまう。

## TEST 9 診断

# 自宅以外の場所で寝るときの服装から、あなたの「頑固度」がわかります

あなたが自分の身の回りのことをどのように処理しているかということから、変化に対するあなたの対応の仕方がわかります。

### Ⓐを選んだ人……頑固度★★★★★ 「自分のやり方」は断固譲らない!

あなたは変化を好まず、慣れ親しんだ環境で暮らしたい人。周囲の状況や人にあわせて自分を変えることはなく、なんでも「私はこう」と、自分のやり方にこだわり、それを通そうとします。出入りする場所や就寝時間・起床時間・食事時間はいつもと同じで、一日の行動パターンは決まっているほうがよく、つきあう人も昔からの古い友人がいいというタイプ。

一見、温和そうに見えても、頑固で気難しい面があり、周りの人からは、ちょっと扱いにくい厄介《やっかい》な人と思われているかも。

**Ⓑを選んだ人……頑固度★★★　臨機応変に対応できる、風通しのよい人**

あなたは変化を受け入れ、変化に対応していこうとする人。周囲の環境や人にあわせて、自分のそれまでのやり方や、生活習慣を変えていくことができます。あまり急激な変化は好みませんが、日ごろの生活の中に新しいものを取り入れていくことで、心の中の風通しもよくしようとしているようです。変化についていけなくなったり、流行遅れ・時代遅れになってしまうことをひそかに恐れているのです。

周りの人からは、話の通じる常識的な人と思われることが多いでしょう。

**Ⓒを選んだ人……頑固度★　マイペースに過ごしたい気分屋**

あなたは、変化のない生活は考えられない人。周囲の環境や人にあわせるよりも、自分の好きなやり方で行動するようです。なかなか規則的な生活習慣を作れず、一定の生活パターンを守るということができないでしょう。そのため、不規則な生活になりがちで、生活のリズムが崩れることもありそうですが、そのほうが生き生きとしていられるのでしょう。毎日、何か面白いことはないかと探しているのかも。

周りの人からは、常識にとらわれない、ちょっと破天荒な人と思われそう。

## TEST 10

# 「ここで働きたい！」と思ったアルバイト先は？

得意なことを生かしてアルバイトをしようと思い、求人に応募しました。
四か所から「来てほしい」という連絡があったので、どんなところか直接訪ねてみることにしました。
仕事内容はまったく同じなのに、それぞれの職場の雰囲気は全然違っていました。
あなたはどこで働きたいですか？

Ⓐ 規則が多いけれど、とても清潔でクリーンな職場。
（「スリッパはそろえて」「ドアを閉めて」「使っていないときはもとに戻す」「消灯」「ゴミ箱にゴミはためない」などと貼り紙に書いてある）。

Ⓑ わりあい自由な雰囲気だけど、雑然として、やや散らかっている職場。

（「使っている資料です、動かさないで」

「ゴミじゃないから、捨てないで」）


Ⓒ 他とはちょっと違う、スタイリッシュな雰囲気の職場。

（「ヒルズでランチミーティング」

「今夜のパーティー、ドレスコードあり」）


Ⓓ 家族的で、アット・ホームな職場。

（「社長、おばちゃんち」

「ゆうちゃん、今日子連れ」

「お弁当の残り食べていいよ」）

## TEST 10 診断

# 働きたいと思う職場から、あなたの「人に与える第一印象」がわかります

働きたいと思う職場は、自分の長所を生かせると思うところです。どんな職場を選んだかで、あなたが人に与える印象、そして気をつけたいことがわかります。

**Ⓐを選んだ人……「誠実でしっかりしていそうな人」と思われる**

あなたはまじめできちんとした印象を与える人。実直でウソやごまかしがなく、周りからは信頼できる人と思われていそう。ただ、堅苦しい感じがあって、周りの人はリラックスできないかも。やるべきことは一生懸命、歯を食いしばってやっている人です。ふだんから、しかめっ面にならず笑顔を作れば、気持ちもやわらぎます。

**Ⓑを選んだ人……なぜか〝濃い〟印象を残す、インパクトのある人**

あなたはあまり常識や他人の目を気にしない人。なぜか人目を惹《ひ》くところがあり、他の人よりも〝濃い〟印象を残し、覚えられやすい人のよう。好きなことには熱中し

やすく、集中力があり、クオリティーの高い仕事ができます。ただ、子供っぽく、身の回りのことがきちんとできない面も。貯金をして無駄づかいを防ぎましょう。

**Ⓒを選んだ人……「洗練されているけれど、近寄りがたい」と思わせる**

あなたはあか抜けたところのある人。いつも自分の魅力を磨き、ステイタスのある雰囲気を漂わせています。周りからはちょっと気取った人と思われているかも。理想の自分を演じていることも。年を重ねるほど、優雅でエレガントな暮らしにこだわるでしょう。ムリなダイエットや健康法をして、逆効果にならないよう気をつけて。

**Ⓓを選んだ人……「話しやすくて、明るい人」と思われる**

あなたはほがらかで人懐っこい人。おしゃべり好きで、誰とでも世間話ができ、周りの人は、あなたがいてくれると助かるし、雰囲気が明るくなると思っているはず。ただ、考えもなしに動き始めるため、よけいなお世話をしていることもありそう。親切を買って出るときには、相手が本当にそれを求めているかどうか考えて。

TEST 11

# 知りあったばかりの人に、悩みを打ち明けたら――

話の流れで、最近知りあったばかりの人に、自分の悩みを話してしまいました。

相手からは、「うん、わかる、わかる」と言われました。

そのときのあなたの気持ちは?

Ⓐ「わかるわけないでしょう」
と思った。

Ⓑ「他人事だから、適当に
言っているんだろうな」と思った。

Ⓒ「少しはわかってもらえたみたい」
と思い、少し気がラクになった。

Ⓓ「そう？　わかってくれる？」
「そうだよね」と、盛り上がった。

## TEST 11 診断

# 悩みを打ち明けたときの心境から、あなたの「セルフイメージ」がわかります

誰でも「自分はこういう人」という自分についてのイメージを持っているもの。それは思い込みの部分もあり、現実の自分との間にギャップがある場合があります。

### Ⓐを選んだ人……繊細ゆえに、人の目が気になる「道化師」タイプ

あなたは気位が高い人。人前に出ると、自意識が膨らみ、自然なふるまいができません。それで自分があたかも、滑稽《こっけい》なふるまいをして人を楽しませるピエロであるかのように感じ、自己憐憫《れんびん》にかられます。そのような自己イメージにとらわれていると、いつまでも満たされません。背筋をすっと伸ばして、周りを見回してみてください。

### Ⓑを選んだ人……賢いのに素直になるのが怖い「天の邪鬼」タイプ

あなたは、本当は自分をすぐれた人間だと思っているのに、それを表に出せず、むしろ真逆の態度をとってしまう天の邪鬼《じゃく》タイプです。何事も皮肉な見方をすることで、

自分のプライドを守ろうとしているのです。しかし、本来の自分のいいところと能力を発揮するためには、もっと素直になったほうがいいでしょう。

**Ⓒを選んだ人……やさしいけれど周りを優先しがちな「執事・メイド」タイプ**

あなたは、「これが自分だ」と確信を持って言い切れない自分がいるのでしょう。他人の評価によって、自己評価も変わります。あなたは、誰かの指示に従うことで自分のポジションを作る執事・メイドキャラ。あなたに必要なのは、自分自身の主人になること。そのためには、自分がどうしたいのかに耳を傾けてみなければなりません。

**Ⓓを選んだ人……人気者だけど、自分がいちばんの「王様」タイプ**

あなたは、自分は能力があり、自分は人よりすぐれている、人より偉いと思っています。あなたはまさに何事も自分中心の王様・女王様タイプ。でも、その自己イメージにとらわれている限り、世の中の仕組みや人の心の動きをうまくとらえられません。王様・女王様も、一度、裸の自分を眺めてみるとよいでしょう。そして、もっと謙虚になれば、人としての幅が広がります。

TEST 12

# 同僚が目の前で、ため息をついています

とても忙しい時期です。
みんなで一緒にがんばろうねと言いながら仕事していると、
同僚の一人がふさぎ込み、
仕事もせずに机に肘《ひじ》をついてため息をついていました。

それを見たときのあなたの反応は？
あなたの気持ちや言動に、もっとも近いものを選んでください。

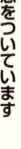

Ⓐ「大丈夫、どうしたの？」と慰めようとする。

Ⓑ無視して自分の仕事を続ける。

Ⓒ「ちゃんと仕事してよ」と言いたい。

Ⓓ「仕事しないなら帰れば」と思ってしまう。

## TEST 12 診断

# ため息をつく同僚への感情から、あなたの「つらいときの対処法」がわかります

ふさぎ込んでいる同僚に対してあなたが感じることは、あなたが落ち込んだときに自分自身に対してやっていることです。

**Ⓐを選んだ人……自分にやさしくして、体を休める**

人を慰めようとする人は、自分が落ち込んだときも、自分で自分を慰めようとするでしょう。自分にやさしくする人です。それは、自分の腕や体を撫《な》でたり、頬や髪の毛に触れるなど、セルフタッチのしぐさとなって表われるでしょう。もちろん、自分ではなく誰か他の人が、そうして慰めてくれればいちばんうれしいのですが。

**Ⓑを選んだ人……つとめて〝ふだん通り〟を貫こうとする**

無視するという人は、自分が落ち込んだときも、本当の気持ちには触れようとせず、ふだんと変わらない動きをしようとする人です。行動と感情を切り離し、車や機械の

ように、自分を機能的に動かしたいのです。実際、それができてしまう人です。その状態でがんばっていると、突然、無気力になり何もしたくなってしまうことがあるでしょう。切り離した気持ちのほうが音を上げて、休みたいと言ってくるのです。

### Ⓒを選んだ人……自分で自分を〝励ます〟ことで乗り切る

「仕事して」と言いたい人は、自分が落ち込んだときも容赦《ようしゃ》せず、叱咤《しった》激励《げきれい》して自分を奮い立たせようとする人です。そうしないと、怠《なま》けているように感じてしまうのでしょう。自分の気持ちよりも責任感のほうが先に立つ人です。「今はゆっくりしていいよ」と自分に許可を与えて、リラックスしましょう。

### Ⓓを選んだ人……〝タフにならねば〟とムリにがんばる

「帰れば」と言いたい人は、落ち込んだときには自分が役立たずのように思えてしまう人です。落ち込む自分がいやで、いったん落ち込んだら、浮かび上がってこられないように感じるのかもしれません。そこで自分を強くし、タフに生きようとするのです。しかし、自分の弱さを認め、受け入れたほうがもっと強くなれますよ。

TEST 13

# あなたが一人で ファミレスに行くのは、何時ごろ？

24時間オープンのファミリーレストラン。
全国各地にありますね。

あなたが一人で、
ファミレスに入っているところを
思い浮かべてみてください。

それは何時ごろですか？

Ⓐ 朝早く
Ⓑ お昼ごろ
Ⓒ 午後3時ごろ
Ⓓ 夜。夕食時間
Ⓔ 深夜

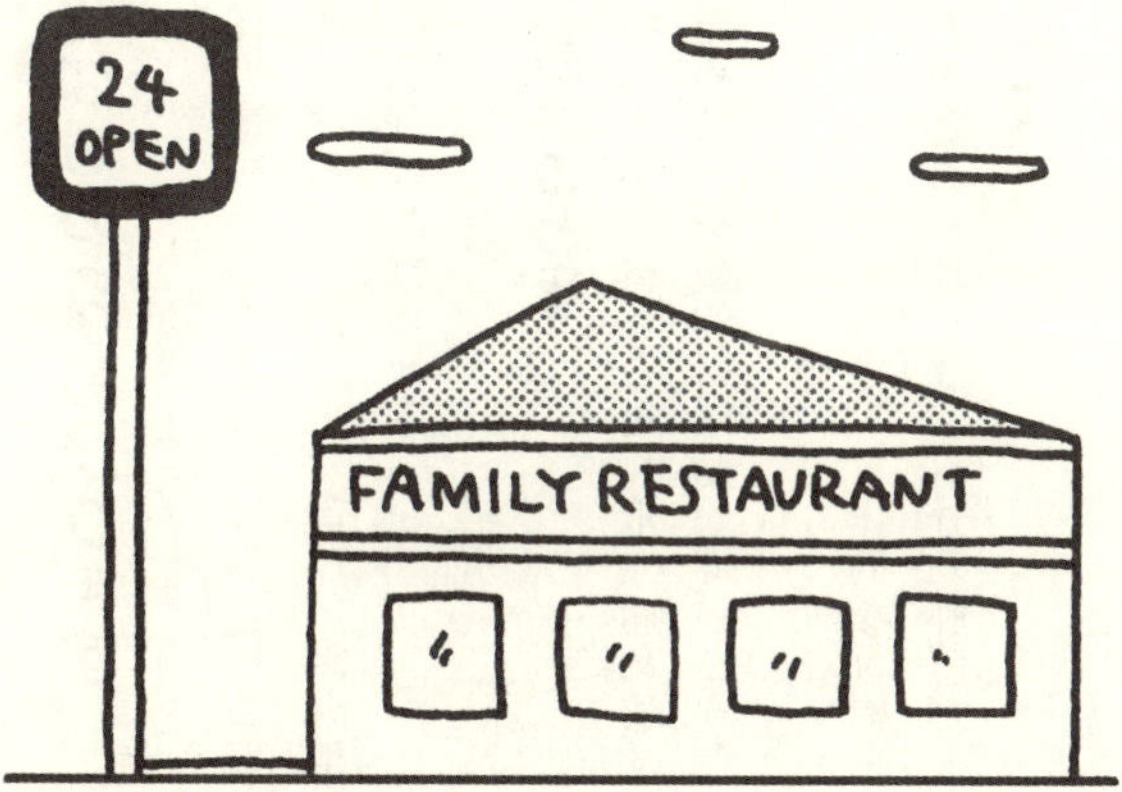

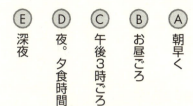

TEST 13
診断

ファミレスに行く時間帯から、

# 「今のあなたにとって大切なもの」がわかります

ファミレスは、時間帯によって、来店する客の層も、店内の雰囲気も変わってきます。一人でファミレスに入れば、自分と向きあわざるをえません。選んだ時間帯から、あなたが今、どんな自分と向きあおうとしているかがわかります。

## Ⓐを選んだ人……「やる気」をガソリンに、前進のとき

朝は、これからが活動のとき。前向きな気持ちでやるべきことに取り組めます。あなたは現実の社会に適応し、実力を発揮するために、積極的に活動していこうという意欲を持っているようです。

今のあなたにとって大切なのはやる気です。やる気があれば、具体的な目標を設定し、達成するためにがんばれるでしょう。実力が認められれば、自分の価値が上がったと感じられます。ワンランク上を目指しましょう。

**Ⓑを選んだ人……「自信」を持って、現実に対処するとき**

昼は、午後に向けてのエネルギーを補充するとき。すでに取り組んでいることを、このまま積極的に進めていくべきときです。一日のうちでも、いちばん目が覚めていて、意識がはっきりしているときなので、現実的な判断ができます。

今のあなたにとって大切なのはぐずぐず迷わず、自分を信じて決断することです。そして、いったん決めたことは最後までやり抜くこと。今のあなたにはそのエネルギーがあります。

**Ⓒを選んだ人……「心の余裕」を失わないよう、ゆっくりするとき**

午後はゆったりした、眠気を誘う時間帯でもあります。あなたは何も考えずボーッとできる時間を持ちたいようです。ぼんやりとして、とりとめのない白昼夢のような空想の世界に浸《ひた》っていたいのです。

今のあなたにとって大切なのは、心のゆとりです。焦っても仕方のないことで焦ったり、はたから急《せ》かされているように感じて、心の余裕をなくしたりしないよう、時間配分を考えて、マイペースな働き方をしてみてください。

### Ⓓを選んだ人……「分別」を持って、ためになることをしたいとき

夕方の時間にファミレスに一人でいることは、まだこれから活動できることを意味しています。昼間の仕事や活動を終え、これからは自分の好きなことをするとき。趣味や遊びの時間です。あなたはわりあい自由な生き方をしているのかも。

今のあなたに大切なことは、分別を持つことです。分別とは、物事の道理をよくわきまえること。時間の浪費や人生の無駄づかいをしないよう、自分にとってためになることを見極めて行動したいものです。

### Ⓔを選んだ人……「創造」することにチャレンジしたいとき

深夜は、ふつう人が眠っている時間帯。その時間に一人でファミレスにいるところをイメージしたあなたは、孤独を愛する人。はたから見れば寂しい人に見えても、むしろ孤独を愛し、自分の内面の世界を大切にしている人なのでしょう。その世界を、なんらかの形で表現したいという表現欲求を持っています。

あなたにとって大切なのは、自分の内面にあるものを形にしてみること。あなたの中にはクリエイティブな才能が眠っているかもしれません。

# 2章

人に見せている顔は、ニセの顔かも!?

# 一問答えるごとに、「真の性格」に光が当たる!

TEST 14

# 「人は七つのタイプに分類できる」と言われたら、どう思う？

人間は七つか八つのタイプに分類できると言われたら、あなたはどう思いますか？

Ⓐ 自分はどんなタイプなのか知りたい。

Ⓑ 自分の周りの人が、どんなタイプなのか知りたい。

Ⓒ どうして七つか八つのタイプに分けられるのか、その根拠が知りたい。

Ⓓ 人は一人ひとりみな違うのに、タイプになんか分けられるはずがない。

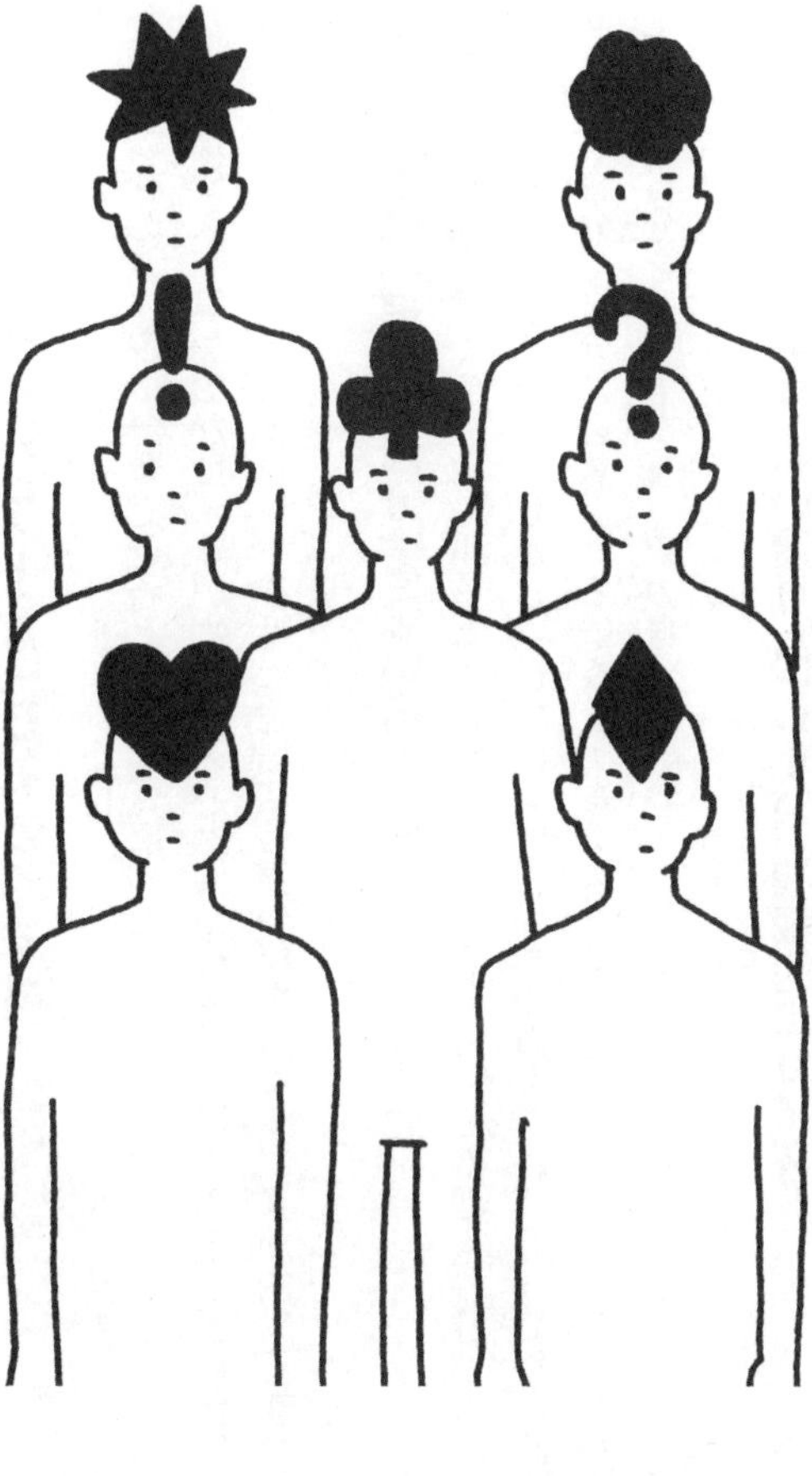

## TEST 14 診断
## 人を分類することへの反応に、あなたが「どんなナルシストか」がわかります

人がいくつかのタイプに分類できるという考えに、どう反応するかということから、あなたのナルシスト度がわかります。ナルシストとは自己愛の強い人のこと。自分自身の姿に焦《こ》がれ死にした、ギリシャ神話に登場する美少年ナルキッソスが由来です。

**Ⓐを選んだ人……「理想の自分」を思い描く、空想ナルシスト**

あなたは自意識が強く、人前に出ると、自分はどう見られているか他人の目が気になり、自意識過剰になりがち。しかし、自分について好きな面もあればそうでない面もあります。自分で自分に恋焦がれるようなナルシストではありません。ただ、空想の中で理想の自分をイメージし、その自分に酔いしれるようなところはあるかも。

**Ⓑを選んだ人……周りを「思い通り」にしたい、独裁的エゴイスト**

あなたは自分が神のように超越した存在になりたい人。チェスの駒《こま》を動かすように

自分の手のうちで人を思い通りに動かしたいという欲求を隠し持っています。あなたにとっては、他人は自分の欲求を満たす道具のようなもの。うまく使えない人間は捨て駒のように扱ってしまう。ナルシストというよりも独裁的なエゴイストのようです。

## Ⓒを選んだ人……「賢い自分」を誇りに思う、知的ナルシスト

あなたは自分を客観的に見る目を持っている人。つねに自分をクールに観察するもう一人の自分がいるようです。ときに自分のことを他人事のように感じることすらあるでしょう。ですから、あなたは自分のことだけしか見ていない自分に夢中のナルシストではありません。ただ、自分の賢さに酔う知的なナルシストの面があります。

## Ⓓを選んだ人……究極のナルシスト！　いつも「自分が主役」のお芝居気分

あなたは、自分はとてもユニークで、他の誰とも違うと感じています。そんな自分がいとおしく、内面に湧き上がる感情や気分の赴《おもむ》くままに行動します。そのため、自己陶酔的な態度やふるまいが目立ちます。たとえ「自己嫌悪に陥った」などと口では言っていても、その表情には芝居がかったものがある、ナルシストの極みです。

TEST 15

# 家を借りるときに、重視することは？

しばらく家を借りて、
そこに住むことになりました。

家賃はみな同じです。

どの家を借りますか？

Ⓒ 親しい人を呼んで、ホームパーティーができる家。

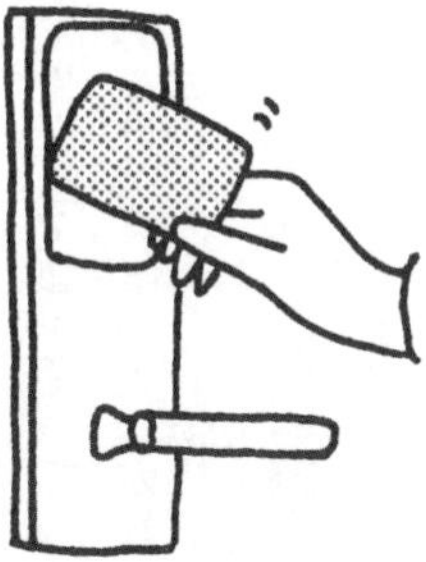

Ⓐ セキュリティー（防犯防災）が万全の家。

Ⓓ ゴージャスな家具・調度がある、セレブな雰囲気の家。

Ⓑ ピカピカに磨かれて、掃除が行き届いた家。

TEST 15
診断

# 家を決めるときの基準から、あなたの「ファザコン度・マザコン度」がわかります

家は家庭を意味しています。どんな家に住みたいかで、あなたが親から精神的に自立した人か、あるいは親に依存しやすいタイプかどうかがわかります。

**Ⓐを選んだ人……父親に守られていたい「ファザコン」タイプ**

セキュリティ万全の家は、あなたを守ってくれる強くて権威のある父親を意味しています。あなたはいつまでも父親に依存し、守られていたいファザコンタイプ。あなたが女性なら父親を慕《した》っていて、同年代の彼氏では物足りないと感じてしまうでしょう。外では、目上の人にかわいがられやすいところがあります。

**Ⓑを選んだ人……親に頼らず、ときに反抗する「自立」タイプ**

掃除の行き届いた家は、自己管理能力を意味しています。あなたは精神的に親に頼らず、自立している人。父親に対しては、自分を認めてほしいという気持ちと同時に、

ときに反発心を抱くこともあるようです。ただし若いときは父親に反抗していても、やがては自分も父親と同じような価値観を持つかもしれません。

### Ⓒを選んだ人……母親に世話を焼かれたい「マザコン」タイプ

ホームパーティーのできる家は、愛情豊かな母親を意味しています。あなたはいつまでも無条件の愛に包まれ、世話を焼かれていたいマザコンタイプ。あなたが男性なら、理想の女性は母親のように、自分のワガママを受け入れてくれる女性。あなたが女性なら、自分が母親のようになり、好きな人の世話をしてあげたくなるでしょう。

### Ⓓを選んだ人……親に褒めてもらえる「自慢の息子・娘」でいたいタイプ

セレブの家は成功を意味しています。あなたは成功した人生を送りたい人。それは「よくできたね。あなたはママの自慢よ」と、母親が誇りに思ってくれるような人生です。マザコンではありませんが、ママには褒められたいのです。あなたが男性なら、恋人の前で自分のいいところを見せようとするでしょう。女性なら、将来成功しそうな男性を結婚相手に選ぶか、自分がキャリアを積んで成功を目指すタイプ。

TEST 16

# 友達と一緒に、お化け屋敷に入るなら？

「あまりにリアルで怖い」と
噂のお化け屋敷。

友達と一緒に、
そのお化け屋敷に行くなら、
あなたは何番目に入りますか？

Ⓐ　いちばん最初。
先頭をきって進んでいく。

Ⓑ　二番目か三番目。
真ん中へん。
友達と腕を組んで一緒に。

Ⓒ　いちばん最後。
友達の後ろからついていく。

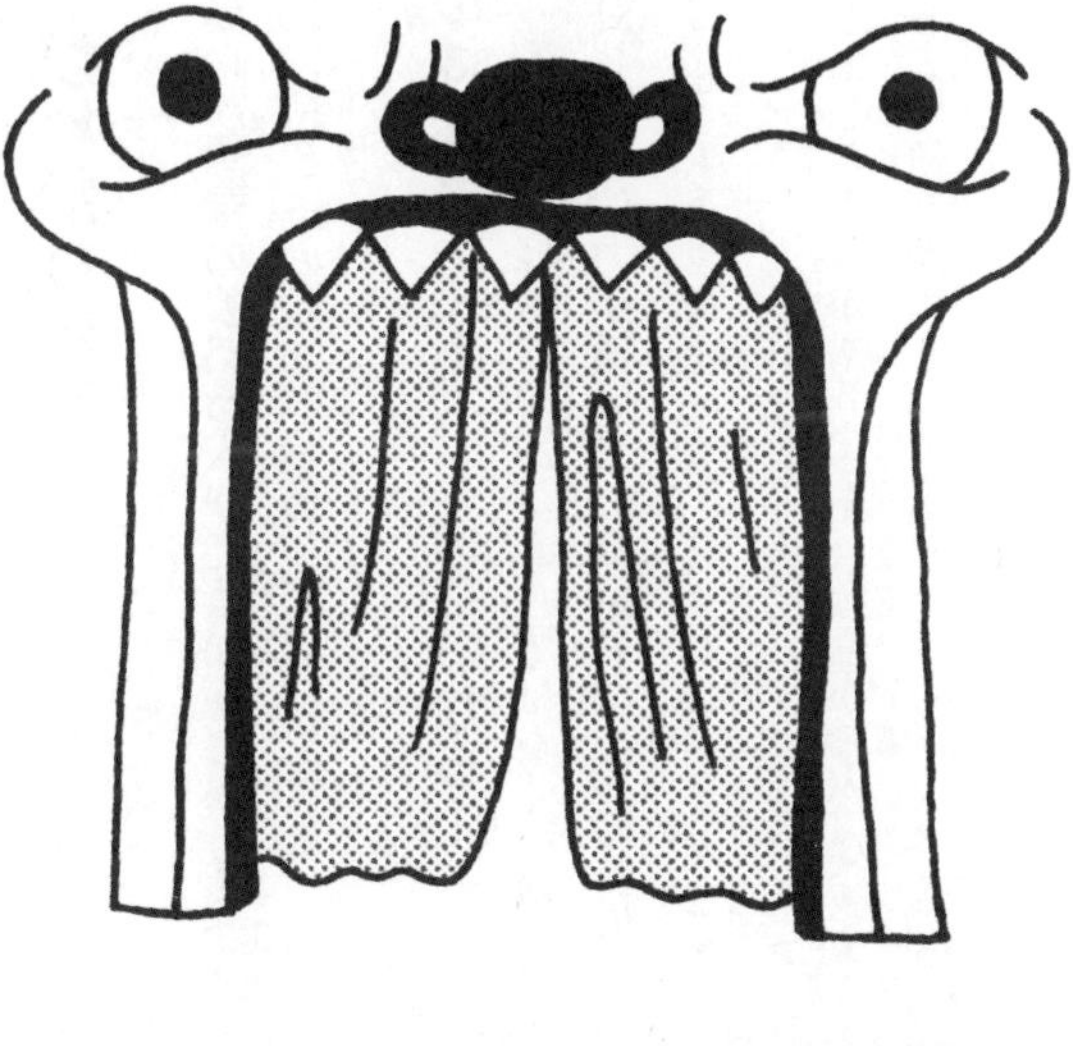

## TEST 16 診断

# お化け屋敷への入り方から、あなたに「勇気があるかどうか」がわかります

怖いものに向かっていく態度から、あなたが想像力のある人かどうかがわかります。また、そこからあなたがどれくらいの勇気の持ち主なのかが明らかになります。

**Ⓐを選んだ人……怖いもの知らずなのは、想像力が働いていないから！**

あなたは、怖いものに自ら向かっていく人。それは勇気があるからではなく、何も考えていないから。向かっていく対象に対して想像力が働いていないので、それほど怖さを感じないのです。あなたは考えるより先に行動する人で、それはあなたの強みでもあります。

あなたの場合、後になってじわじわと恐怖心がよみがえり、あれは怖かったな、よくあんなことができたなと思った経験が過去に何度かあるのでは？

**Ⓑを選んだ人……臆病に見せて、いざというとき誰よりも勇敢な人**

あなたは、自分を怖がりだと思い込んでいる人。周りにも自分は怖がりだとアピールしているのでは？　あなたは自分で自分を怖がらせるために、怖いことについて考え、想像力を働かせているようです。考えてしまうから怖いのです。

でも、本当に怖い体験をしたとき、あなたは反射的に怖いものに立ち向かっていき、自分でも予想していなかった勇敢《ゆうかん》な行動をとるでしょう。土壇場の勇気で、無謀《むぼう》とも思えるほどの行動を起こすこともありえる人です。

**Ⓒを選んだ人……あくまで想像の世界だけで、スリルを味わいたい人**

実はあなたは、怖いことが好きな人。いちばん後ろからついていくというのは、その背後に想像の余地を残すからです。だから怖いことは考えないようにしようと思うのに、想像せずにはいられない。想像力が豊かで、考え始めると、どんどん想像が膨らんでいってしまうのではないでしょうか。

臆病なくせに、背中がゾクゾクするような怖い体験をしてみたいと思っているようです。心霊スポット体験やホラームービーなど、バーチャルな世界で恐怖を楽しんで。

# TEST 17 忙しくて、「やりたいのにできていない」ことは?

忙しいです。
だから、やりたいと思っても時間がとれず、なかなかできないことがあります。
それはどんなこと?

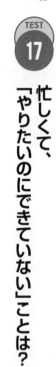

Ⓐ 掃除・片付け。

Ⓑ 友達に会うこと。

Ⓒ スキルアップのための勉強。

Ⓓ スポーツジムやヨガ教室に通うこと。

## TEST 17 診断

忙しくて後回しになっていることから、あなたが

# 「本当はやりたくないこと」がわかります

忙しくてできないと思っていることは、実はあなたがあまり価値を置いていないことであり、本当はやりたくないことなのです。もともと、やる気がないのかもしれません。「いや、そんなことはない」とあなたは言うかもしれませんが……。

**Ⓐを選んだ人……掃除なんかするより、仕事や趣味に打ち込んでいたい**

あなたは部屋の掃除や片付けをするより、他にもっとやりたいこと、やるべきことがあると思っているはず。いざ、整理整頓し始めても、「なんてつまらないんだろう、こんなことに時間を使いたくない」と思うでしょう。本当はもっと自分の好きなこと、仕事や趣味などに没頭していたいのでは？

**Ⓑを選んだ人……友達に会うより、マイペースに暮らしたい**

あなたは友達に会う時間があれば、もっと他のことをしたいと思っているはず。だっ

たら、「いつか近いうちに」「今度ぜひ」などと約束をしないほうが、マイペースでやれていいはず。友達はきっと、「忙しい人だから」とわかって（？）くれるでしょう。

## Ⓒを選んだ人……勉強するより、楽しいことをしていたい！

あなたには強い動機（モチベーション）に欠けているようです。本当にやりたいことやスキルアップしたい気持ちがあれば、なんとしてでも学ぼうとするし、自分を磨くための努力をするものです。時間がないから勉強できないというのは、言い訳にすぎません。強い動機がなければ、人間なかなか動きだせません。本当は何をしたいのか、自分に問うてみることが先決かも。

## Ⓓを選んだ人……運動するのは、実はそんなに好きではない

あなたは運動や体を動かすことが、本当は好きではないのでしょう。好きではないから、スポーツジムなどに通うお金も、もったいないと感じるのでは？　健康維持のためなら、お金がかからず一人でできるウォーキングやジョギングでいいと思っているのかも。でも、それもやらないでしょう。せめて散歩ぐらいはして。

# TEST 18 友達から冷たくされているような気がする……

仲のよかった友達が、最近自分を無視するように。
近くですれ違っても、知らん顔して通りすぎていきます。
なぜなのか理由はわかりません。
あなたはどんなふうに感じますか?

Ⓐ「何か悪いことしたかなあ」と思い、もしそうなら謝りたいし、何か誤解があるなら話しあって誤解を解きたい。

Ⓑ「嫌われたみたい」と思い、無視されたことに傷つき、悲しい気持ちになり落ち込む。

Ⓒ「ぜんぜん意味がわからない」と思い、それ以上は考えず、その友達とは距離を置く。

Ⓓ「何、その態度。不愉快だ」と思い、そんな人はもう友達でもなんでもないと思う。

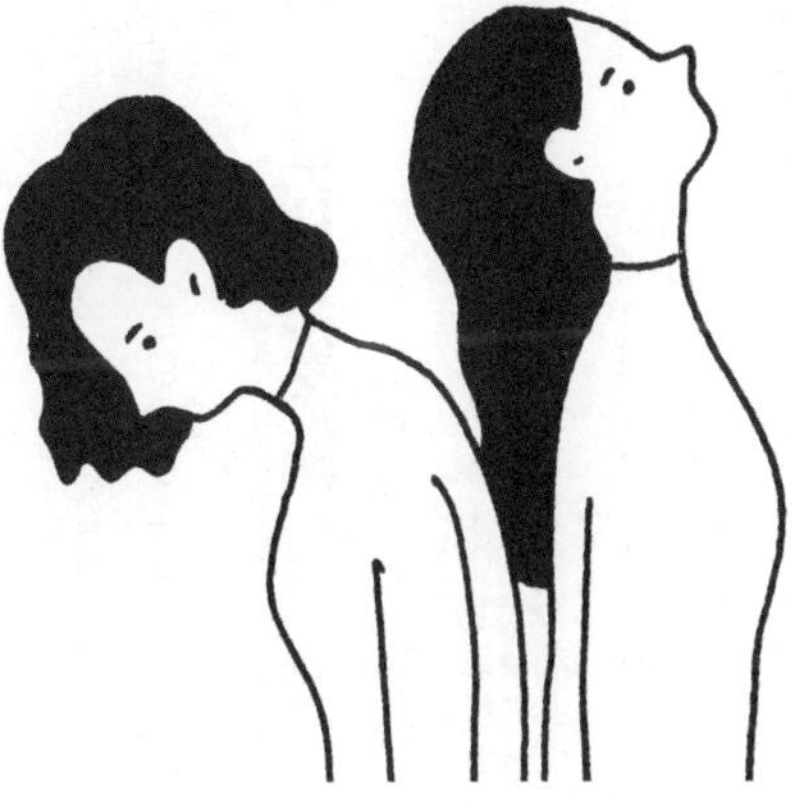

## TEST 18 診断

冷たい友達への対応から、あなたが
# 「どんな子供だったか」がわかります

友達づきあいの傾向は、子供のころから大人になっても根本のところはあまり変わりません。あなたの感じ方から、どんな子供だったかが浮かび上がってきます。

Ⓐを選んだ人……**まじめで、正義感の強いキッチリした子供**

あなたはまじめな優等生だったに違いありません。学校には遅刻せず、宿題は忘れずにやっていく、そんな子供だったことでしょう。まじめな努力家で、正義感が強く、しっかりしたところがあり、先生からの信頼も厚かったはず。学級委員長などに選ばれることも多かったのでは？　今もそういうまじめな気質が残っているようです。

Ⓑを選んだ人……**やさしく、友達を大事にする子供**

あなたはきっと、やさしい友達思いの子供だったに違いありません。ポツンと離れて遊び相手のいない子に、「一緒に遊ぼう」と声をかけるような子供だったかも。あるいは本を読んだり絵を描いたりが好きで、仲のよい友達とは、そんなことについてよくおしゃべりしていたかも。遠足では、誰と一緒にお弁当を食べるかがとても大事なことだったに違いありません。今もそういうやさしい気質が残っているようです。

**Ⓒを選んだ人……大人びていて、落ち着いた静かな子供**

あなたは学校というところがそれほど好きではなかったようです。先生にもクラスにもあまり馴染《なじ》めなかったのでは？　クラスの中はうるさく騒がしく、できればもっと静かなところにいたいと思ったはず。同じ学年の子供たちが、自分より子供っぽく見えることもあったはず。今でもそういうちょっと冷めたところがあるようです。

**Ⓓを選んだ人……負けず嫌いで、なんでもトップになりたがる子供**

あなたは負けず嫌いの子供だったに違いありません。人前でも物おじせず、授業中は積極的に手を上げる子だったことでしょう。なんでも自分がトップに立ちたいという気持ちがあり、努力していい成績をとろうとしたことでしょう。今でもそういう負けん気なところや、人に褒められると調子がよくなるところがありそう。

TEST 19

# 「自分と似ている」と感じるグループは?



グループごとに、みんなで一緒に作業をします。
「自分と似ている」と思う人たちのいるグループに入ってください。
似ている人同士でなければ、作業はうまくいきません。
あなたはどのグループに入りますか?

Ⓐ みなが身を乗り出すようにしてしゃべり、話が盛り上がっているグループ。

Ⓑ お互いに「どうぞ」と譲り合いながら、順番ににこやかに発言しているグループ。

Ⓒ 静かで、一人ひとりがちょっと離れていて、誰かが話すまでに間があるグループ。

Ⓓ 自分はどのグループの人とも似ていないので、どのグループにも入りたくない。

## TEST 19 診断

自分と似ていると思う人の傾向から、あなたが
# 「友達になれないと思う人のタイプ」がわかります

私たちは自分と似た人を肯定的にとらえ、自分と似ていない人を低く評価していることがあります。選んだ答えから、あなたが人を見下すときのポイントがわかります。

**Ⓐを選んだ人……地味でおとなしい人は、「つまらない」と決めつけがち**

あなたはおとなしい人や地味で目立たない人を、つまらない人間だと思う傾向があります。一緒にいても退屈だし、自分より能力が低そうで、友達になってもとくに得るものはないと考えがち。だからあるとき、自分がつまらないと思っていた人が、実は何か才能のある人だとわかると、「負けた」と大いにショックを受けるわけです。

**Ⓑを選んだ人……目立つ人や自由人は、「非常識」と批判したくなる**

あなたは協調性のない人を見ると、なんて自分勝手なのと、批判的な目で見てしまいます。人より目立つ人や自分の好きなことをしている人は、ワガママで「非常識」

な人間だと感じます。実はあなたも、そういう人たちのように好きなことをしてみたい気持ちがあるのです。それができないから、「許せない」と思うのでしょう。

### Ⓒを選んだ人……やたらと自信のある人は「デリカシーがない」と感じる

あなたは、活発でおしゃべりな人や自分に自信がある人を見ると、スーッと引いてしまうところがあります。そういう人たちの醸《かも》し出す雰囲気が、厚かましくデリカシーに欠けるものに感じられるのでしょう。人前で目立つ行動をしている人には、「よくあんなことができるよね。恥ずかしくないのかしら」なんて言ってしまうのです。

### Ⓓを選んだ人……自分を気にかけてくれない人は「目ざわり」と思う

あなたは、自分の機嫌をとってくれる人だけが好き。自分より目立つ人や周りからかわいがられている人を、目ざわりに思うことも。その人が近くにいても、ツンと顔をそむけるような態度をとってしまいかねません。みんなが楽しそうにしているときに、急に不機嫌になったり、落ち込んだ様子をして見せたりするのは、誰かが自分の機嫌をとってくれないか、試しているのでは？

TEST 20

# 月についての調べもの。検索するキーワードは?

月に興味があって、月のことを調べています。
インターネットで検索しているのですが、
あなたはどんなキーワードで調べていますか?

Ⓐ 月、惑星、衛星、重力、自転周期、公転周期

Ⓑ かぐや姫、狼男《おおかみおとこ》、月夜の森、月夜の伝説

Ⓒ アポロ計画、月の資源、月旅行プロジェクト

Ⓓ 中秋《ちゅうしゅう》の名月、お月見、うさぎ

## TEST 20 診断

# 月について調べるときのキーワードから、あなたの「憧れの対象」がわかります

空高く見上げる月は、手の届かない憧れの対象を意味しています。選んだ答えから、あなたが「ああいう人になりたいなあ」と憧れている人がわかります。

**Ⓐを選んだ人……「知的で、天才肌の人」を尊敬せずにはいられない**

あなたは、知的で頭のいい秀才型の人や天才と呼ばれる人々を、心から尊敬しています。IT関連の仕事をしているプログラマーやエンジニア、学者や研究職についている人で、新しい発見や発明につながるような仕事を成しとげた人など。自分にはない才能と思いながら、少しでもそういう能力があればと思うでしょう。

**Ⓑを選んだ人……「クリエイティブな才能のある人」がうらやましい**

あなたは、才能のある個性的な人に憧れを感じます。作家やミュージシャン、アーチスト、漫画家、俳優など。とりわけ、自分と同年代の同性で、ユニークな個性を発

揮し、世の中で認められつつある人に憧れを感じます。その人の表現するものを愛すると同時に、うらやましくも感じていることでしょう。

**Ⓒを選んだ人……「有能で、仕事で成功している人」に近づきたい**

あなたは仕事のできる人に憧れています。野心的で、意欲があり、バリバリ働く有能なビジネスパーソンをカッコいいと思います。仕事で成功する人が憧れです。海外経験が豊富で、どこに行っても物おじしない、劣等感など感じたこともなさそうな人に憧れます。自分もキャリアを磨き、そういう人になりたいと思っています。

**Ⓓを選んだ人……「ていねいな暮らし」を味わっている人が素敵**

あなたが憧れるのは、日々の暮らしを大切にしている人。衣食住をおろそかにせず、暮らしにまつわる一つひとつのことを、ていねいに行なっている人。たとえば、食にこだわり、野菜の選び方や食器のそろえ方にこだわる人、古都に居《きょ》を構え仕事をしている人など。自分もそんなふうに日々の味わいを大切にしたいと思っているよう。

TEST 21

# 眠る前に、心に浮かんでくることは?

夜寝るとき、
布団に入ってから、
どんなことを考えながら、
眠りにつきますか?

Ⓐ 明日の段取りについて。
Ⓑ その日一日の反省。
Ⓒ 何か楽しいこと。
Ⓓ 何も考えず眠るだけ。
Ⓔ お祈りや願いごと。

## TEST 21 診断

# 寝る前に考えることから、あなたの「見たくない自分の姿」がわかります

眠りは無意識の世界への入口。あなたが寝るときに考えていることは、無意識の世界へ入っていくことへの抵抗を表わしています。

そこから、あなたがふだん意識したくないこと、見たくない自分の姿が浮かび上がってきます。

### Ⓐを選んだ人……**「自分の弱さ」や「傷ついた自分」を見たくない!?**

あなたは自分の行動に意識を向けることで、心の奥にある本当の気持ちを見ないようにしているようです。とりわけ、自分の傷ついた感情、恥ずかしいことなどはなかったことにしておきたいのでしょう。

でも、ときには自分の中のマイナスの感情に触れ、しみじみと味わってみるのもよいでしょう。気持ちが癒されることがあります。

**Ⓑを選んだ人……自分の中の「エロチックな欲望」を見たくない!?**

あなたは自分で自分を見張っている人。自分の中の良心が、していいことと悪いことを区別し、「こうしてはいけない」と教えています。

あなたが見たくないのは、その監視の目をすり抜け、欲望の赴くまま奔放《ほんぽう》な生活を送ってみたいという願望を持つ自分。思い切って、エロチックな空想を何かで表現してみると、解放感が味わえるかも。

**Ⓒを選んだ人……「無責任な自分」を見たくない!?**

あなたは、いやなことは一切見ないようにしている人。自分にとって、都合の悪いことはなかったことにしてしまえるようです。面倒くさいことやりたくないことは、できるだけ避けて通ろうとします。自分がしたことの悪い結果は見ずに、いいところだけを見てしまえるタイプ。あなたが見たくないのは、そういう無責任な自分です。

**Ⓓを選んだ人……「悩むこと」自体を避けたい!?**

あなたは悩みたくない人。心の葛藤《かっとう》そのものを避けようとします。何事もなく平穏無事な毎日を過ごしたい人です。自分はとくに問題はない、悩みなんてとくにないと思い込むことで、自分が抱えている本当の問題を見ないようにしています。でも、とくに深い悩みがなくても、向きあわなければならない課題があるはず。

## Ⓔを選んだ人……「純粋ではない自分」を見たくない……

あなたは、神秘的な存在やスピリチュアルな世界とのつながりを求める人。そういった世界への入口は無意識の領域にあります。あなたは、自分を超えたところに、もっと素晴らしい聖なる世界があると信じているのでしょう。

あなたが見たくないのは自分自身のエゴ、つまり利己的な心です。自分の幸せをいちばんに願い、お金持ちになりたいと願っている自分がいるのに、それをきれいごとにしてしまう偽善者的な面があります。俗物の自分を認めてしまったほうが、よりスピリチュアルな世界に近づけるのでは？

TEST 22

## お祭りで、金魚すくいにチャレンジ！

お祭りの露《ろ》店《てん》で、金魚すくいをしているところをイメージしてみてください。

あなたは何匹ぐらい、金魚をゲットできたでしょうか？
また、どんな金魚がすくえたでしょうか？

自由に答えてみてください。

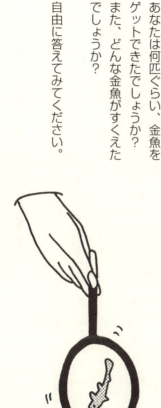

## TEST 22 診断

# すくえた金魚の数から、あなたの「幸せ願望」がわかります

金魚は東洋では福の象徴。幸運や金運のシンボルです。あなたがイメージした金魚の数や種類から、あなたの幸せ願望がわかります。

### たくさんすくえた

たくさん金魚がすくえたところをイメージした人は、いつも幸せな気分でいたい人。自由に使えるお金があって、毎日楽しく面白おかしく暮らせれば、それで幸せと思っています。

そして、自分がお金持ちになれるような棚《たな》ぼた的な運やチャンスが巡ってくることを期待しています。宝くじを買えば当たるかもと思っている人です。当たったところを想像しただけで、幸せな気持ちになれるお得な人でもあります。もともとハッピーな体質なので、お金持ちにならなくてもそれだけで幸せといえます。

## 少ししかすくえなかった

ゼロではないけれど、数匹しかすくえなかったという人は、自分はあまり運やチャンスに恵まれていないと思っている人。

金運もそれほどよくないと感じていることでしょう。そういう思いが、実際には目の前に運が到来しているのに、それを見えなくしているのかも。あなたは幸運を見逃してしまっている可能性があります。まずは、ネガティブな思い込みを捨てましょう。

## 一匹もすくえなかった、網が破れて金魚を逃してしまった

金魚をまったくすくえなかったという人は、自分はまったくツイてない人間だと思っているようです。ツイてないと思うから、ますますツキが離れてしまうのです。

そういう人は、夜寝る前に金魚すくいをしているところをイメージし、たくさん金魚をすくえたところを思い描いてみてください。きれいな色の金魚やかわいい金魚、立派な金魚など。あなたはきっと幸せな気分になり、それが幸運を引き寄せる心の持ち方につながることでしょう。

TEST 23

# みんなが「よくわからないね」と話しあっていますが——

あなたがよく知っていることについて、周りの人たちが
「これ、どういうことなんだろう」

「よくわからないね」

「どうしたらいいんだろう」

などと寄り集まって首をかしげていました。


でも、あなたは何も言わずに帰ってしまいました。

どうして教えてあげなかったのですか？

Ⓐ 聞かれなかったから。

Ⓑ 出しゃばりと思われたくないから。

Ⓒ 自分たちで調べればいいことだから。

Ⓓ つい言いそびれた、タイミングを逃したから。

## TEST 23 診断

# 知っていることを話さなかった理由から、あなたの「ケチ度」がわかります

あなたが教えてあげればみんな助かったはずなのに、あなたの心の中にある何かがそれをさせません。その理由から、あなたのケチ度がわかります。

**Ⓐを選んだ人……かなりドケチ！　ふだんの生活でもお金を使わない**

あなたはモノや情報をため込み、人に分け与えようとしません。気前が悪い人です。でも、それはよくいえば、あなたがあまり欲のない人だからなのでしょう。あなたはふだんからわりと少ないものでやっていけているのでは？　きっと、生活必需品などもなるべく少なくして、シンプルな暮らしをするミニマリストになれるでしょう。

**Ⓑを選んだ人……ケチではなく、気前のいいタイプ。ただし見返りを求める**

あなたは、自分の持っているものを気前よく人に与え、盛大にごちそうしたり、大盤ぶるまいしたりしたいはず。人に与えたいタイプです。でも、その裏には人に与え

ることによってその見返りを得たい、他人の気持ちを自分に惹きつけ、好かれたいという思いが。ケチではないけれど、欲のある人といえるでしょう。

## Ⓒを選んだ人……「自分は自分、他人は他人」主義で、ちょっとケチ

あなたは、お互い自分のことは自分でというタイプです。気前よく人に分け与えることもなければ、人から与えられることも望んでいません。あなたの中には、自分が困ったときも、誰も助けてはくれないだろうという思いがあるのかもしれません。だから、自分が生きていくぶんのお金は貯め込んでおかなければと思うのでは？

## Ⓓを選んだ人……「もったいない」根性から、ものを手放せないタイプ

あなたは、いらないものでもなかなか捨てられず、何かのときに必要になるかもと、ため込んでしまいがちな人。自分のものを人に与えるのも惜《お》しいと感じてしまうようです。モノでも情報でも、人に与えれば、それだけ自分が持っているものが目減りしてしまうように感じるのでしょう。「もったいない」という気持ちから、不必要なものがだんだんたまっていってしまいそうです。

TEST 24

# 友達との待ちあわせで、予想外の一幕。

仲のよい友達と一対一で会うことになっていました。
待ちあわせ場所に着くと、もう一人初対面の人がいて、「私の友達をつれてきたよ」
と言われました。
次の質問に答えてください。

Q1：そのとき、あなたはどう感じたでしょうか?

ちょっとがっかりした。⇩Ⓐ（診断に進んでください）

どんな人かなと思った。⇩Q2（Q2の質問に進んでください）

Q2：二人と別れた後、家に帰ってSNSを見ると、二人はその後も一緒にどこかに出かけ、盛り上がっていたようです。それを知ったあなたは、どう思ったでしょうか？

楽しそう。自分も誘ってくれればよかったのにと思った。⇩ B

友達は、自分よりその人とのほうが仲がいいのかなと思った。⇩ C

## TEST 24 診断

# 友達への感情から、あなたの「人間関係ストレス度」がわかります

友達関係では、ちょっとしたことが心の葛藤を引き起こすことがあります。友達同士でつながるSNSも、便利なコミュニケーションツールとはいえ、ストレスになる場合も。あなたの人間関係ストレス度を診断しましょう。

### Ⓐを選んだ人……「狭く深く」の関係が、本当は居心地がよい

あなたは、深い話のできる人間関係を求めています。広く浅くの人間関係では、人とつながっている感じがしないでしょう。大人数のパーティーなどでは、表面的な会話しかできず、孤独を感じてしまいます。それよりはもっとこぢんまりとした集まりで、一人ひとりの個性がわかり、深い話ができるような場を好みます。

SNSも、本当は興味のある人とだけつながっていたい人。やたらと興味のないイベントやセミナーに誘ってくる人をうっとうしく感じています。

## Ⓑを選んだ人……みんなと一緒にいることで、楽しくなれる

あなたは、幅広いつきあいを求めています。出会った人とはすぐ友達になれ、誰とでもこだわりなくつきあっていけるようです。パーティーなどでは、周りにいる人みんなと顔を合わせ、つながっておきたいようです。一人の人につかまり、何時間も話をされるのは居心地が悪いでしょう。人づきあいはストレスにはなりません。むしろ、誰ともつきあわず、社会から切り離されたような状態になるのがいやな人です。SNSでもどんどん友達申請し、友達の数が多いことを誇りにしているのでは？

## Ⓒを選んだ人……微妙な嫉妬心で〝SNS疲れ〟していない？

あなたは友達や仲間とのつながりを大切にする人。周囲の人間関係に興味があり、誰と誰が知りあいで、仲がいいとか悪いとかいったことも、キャッチしていそう。SNSでもみんながアップしている写真やコメントが気になるでしょう。それで自分より輝いている人を見れば落ち込むし、自分が誘われていない活動やイベントで、他の人たちが盛り上がっているのを見れば、のけものにされたように感じたり。たえず微妙な嫉妬心を刺激され、それがストレスとなっているところがあるようです。

TEST 25

# 有名な占い師に、一つだけ占ってもらうなら？

有名な占い師に占ってもらえることになりました。

ただし、占ってもらえることは一つだけ。

あなたは何を占ってもらいたいですか？

Ⓐ 自分の将来のことについて知りたい。

Ⓑ 気になる人の気持ちが知りたい。

Ⓒ 今現在のことで
どうすればいいのか知りたい。

Ⓓ 自分の前世について知りたい。

Ⓔ 金運を占ってほしい。

## TEST 25 診断

占い師に見てもらいたいことから、あなたの

# 「わかっていないこと」がわかります

あなたが知りたいと思うことから、あなたが物事をどのようにとらえているか、何で判断しているかがわかります。そこから同時に、あなたがわかっていないことが浮かび上がってきます。

### Ⓐを選んだ人……「自分の直感」を信じられない

あなたは頭の中の思考で物事をとらえ、納得しようとする傾向のある人。理屈っぽいところがあります。本来は論理的な思考ができるはずなのですが、不安にかられると頭の中が混乱し、妄想的な考えにとらわれがちです。

あなたがわかっていないのは、自分の中にある本能的な直感です。わかっていないというより、自分の直感を信じられない、勘に頼れない人なのです。そのため、自分に自信が持てないところがあるのでしょう。武道でいう丹田《たんでん》を鍛えて、自分の中の強さを引き出しましょう。腹のすわった人間になれば、不安は鎮《しず》まり、本来の思考が働

き始めます。

**Ⓑを選んだ人……「一歩先読み」して他人の気持ちを考えられない!?**

あなたは、感情で物事を受け止める傾向のある人。本来は人の気持ちをくみとる共感能力のある人なのですが、感情が湧き上がると、よく考えもせず、思ったことをパッと口に出す傾向があります。

あなたがわかっていないのは、自分が何を言っているのかということです。思わず口にしたことで、人を傷つけてしまっていることがありそうです。友達の前で口にしたことで、相手の反応から、「しまった、まずいことを言ってしまった！」と思った経験もあるのでは？　自分が何を言おうとしているのか、それが相手にどう伝わるだろうかと、よく考えてから口にしても遅くはありません。

**Ⓒを選んだ人……「論理」で考えるのが、大の苦手**

あなたは、身体感覚で物事をとらえる傾向のある人。考えるということと行動するということが直結しているようです。それは、よく考えもせずに行動するということ。

本来は身体的な直感が働き、適切な行動がとれるはずの人なのですが、たまに自分でも愚《おろ》かだなと感じるようなことをしてしまうことがあるのでは？

そんなあなたがわかっていないのは、物事を成り立たせている複雑な論理です。抽象的に物事をとらえるので、論理の筋道を追って考えることが苦手のようです。パソコンの操作や電気機器の取扱説明書などは、読むのも面倒くさいと思うのでは？　焦らず、じっくり時間をかけて取り組めば、ちゃんと理解できるはずです。

## Ⓓを選んだ人……プライドの高さゆえに、視野が狭くなっているかも

あなたは何事もよいか・悪いかで判断する人。何がよいことで何が悪いことかという善悪の観念が発達しているようです。あなたの中には「自分は正しい、間違っていない」という気持ちがあるはず。

そんなあなたがわかっていないのは、自分がどれだけプライドの高い人間であるかということです。だからこそ、もし自分が間違っていたら、悪いところがあったら、どうしようと不安なのでしょう。

間違いや失敗を恐れず行動し、自分の間違いは間違いと認め、失敗は次のステップ

への手がかりと考えることで、あなたはもっと伸びてゆくでしょう。

### Ⓔを選んだ人……世の中の〝裏〟を想像しないと痛い目を見る⁉

あなたは、目に見えるものだけで物事を判断する人。自分の目で見たものは見た通り、人の言ったことは言葉通りに受けとってしまいがちです。本来は細かいことにもよく気のつく人なのですが。

あなたがわかっていないのは、世の中のからくりや人の思惑です。自分ではわかったつもりでいるかもしれませんが、世の中の仕組みは複雑で、人の心も複雑です。思《し》慮《りょ》のない言動で人のうらみを買わないように。また、単純に人の言葉を信じ、悪い男や女にだまされたりしないよう、うまい儲《もう》け話に引っかかったり、詐《さ》欺《ぎ》被害などにあったりしないよう気をつけましょう。

TEST 26

# 相手が「間違っているな」と気づいたときは

話をしている相手が、
漢字の読み間違いをしたり、
言葉の使い方を間違っていたりするのに気がついたとき、
あなたはどうしますか。

Ⓐ その場で正しい使い方・読み方に訂正《ていせい》し、教えてあげる。

Ⓑ 気づいても「間違ってるな」と思うだけで、そのまま聞き流す。

Ⓒ 「自分のほうが間違っているかもしれないけれど」と切り出し、「それはこう読むのでは？」と質問するように言う。

## TEST 26 診断

# 他人の間違いを訂正するかどうかから、あなたが「ますます人気者になる方法」がわかります

他人の言い間違いにどう対応するかということから、あなたが人に面白い人と思ってもらうためにはどうすればよいかがわかります。

### Ⓐを選んだ人……まじめさを裏返した〝キレ芸〟で場を和ませて

あなたは、自分に対しても他人に対しても厳しい人。根がまじめで責任感の強い人なので、人間的には信頼されますが、周りの人はあなたといるとどうも気詰まりで、リラックスできないと感じてしまうようです。

ここは軽い冗談の一つでも言って、周りを和ませたいところですが、ジョークを考えるにもついまじめに真剣になってしまうあなたです。むしろ、「こういうのは許せない」と、常々怒っていることを表明する〝キレ芸〟に磨きをかけるか、そういう自分を笑い飛ばす自虐ネタで面白がってもらうのがいいでしょう。

**Ⓑを選んだ人……その〝ゆるい雰囲気〟を活かし、冗談の質を高めて**

あなたは自分にも他人にも、よくいえば寛容な人。適当と言えば適当で、あまり細かいことにこだわらず、いい加減なところもあるようです。そのいい加減さが、周りの人によけいな気をつかわせず、リラックスできる場を生み出しているのでしょう。あなたが冗談の一つも言えば、みんなはくだらないなぁと思っても笑ってくれるでしょう。月並みな冗談では飽きられるので、ジョークの質を高めるために、こっそりお笑いを研究したり、お笑いのネタに入れ込む教養の質を高めたりしていきましょう。

**Ⓒを選んだ人……ふだんの〝ちょっとズレた〟言動を、笑いのヒントに**

あなたは人に気をつかう人。その場の空気を読み、周りのことを考えて行動しようとします。自分ではいろいろと気をつかっているものの、空気を読もうとすることでかえって空気の読めない言動をしてしまうことも。でも、悪気はないことが周りの人にはわかっているので、多少ちぐはぐな言動もご愛嬌《あいきょう》といったところ。それが結構みんなを楽しませ、笑わせています。あなたは意外とお笑いの才能があるかもしれません。ふだんの暮らしで思い浮かんだことをネタにして披露しましょう。

TEST 27

# 「ぜったいムリ！」と思うのは？



これから、あなたにとって、どんなことが待ち受けているかわかりません。

どんなことがあっても、
「これだけは守ってください、約束です」
と言われたことがあります。

「でも、そんなのぜったいムリ」とあなたが思ったのはどんなこと？

Ⓐ ぜったい怒らない。

Ⓑ ぜったい泣かない。

Ⓒ ぜったい笑わない。

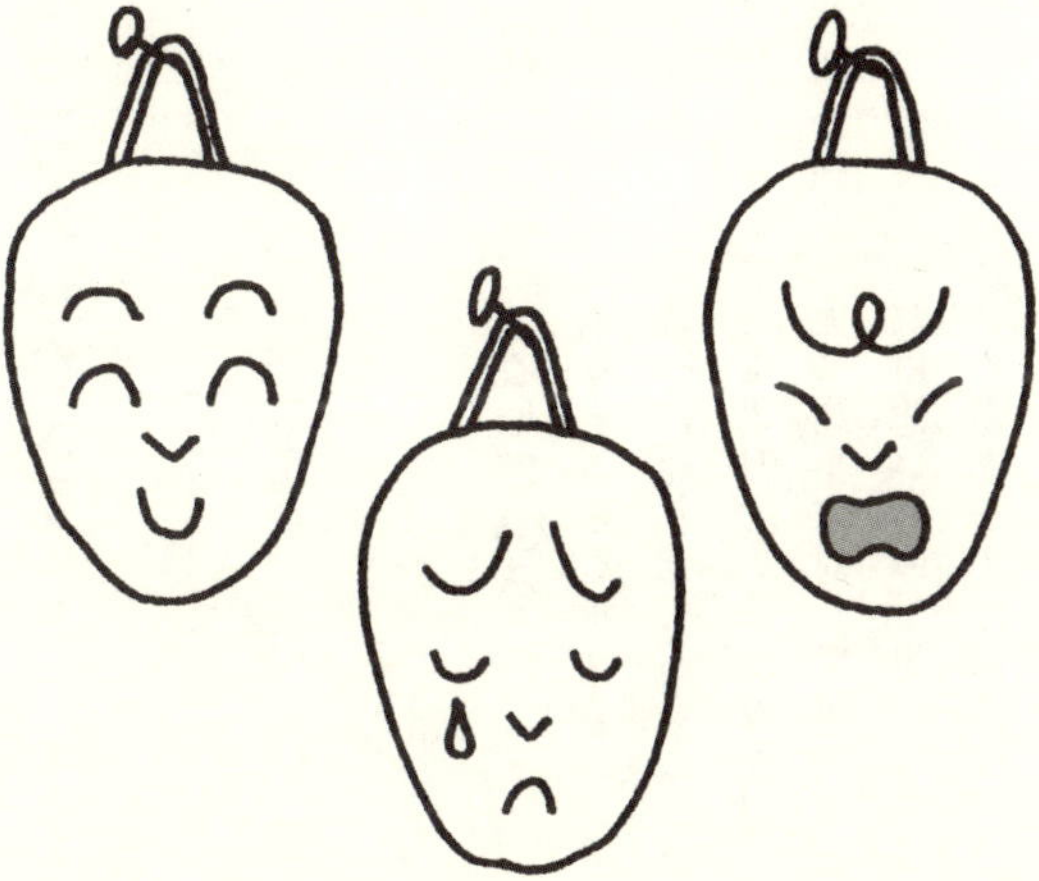

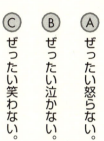

## TEST 27 診断

### 我慢できないことから、あなたの「自分についての思い込み」がわかります

「それはムリ」ということから、あなたが自分のことをどう思っているかがわかります。そこには多分に思い込みの部分もあります。そこで、あなたが自分についてどんな思い込みを抱いているかを診断しましょう。

**Ⓐを選んだ人……「自分はいつも平等で公平」と思い込んでいる**

怒りは腹から湧き上がるもので、原始的な情動です。怒りを落ち着かせると、そこには意志と行動の力が宿っています。怒りがなんらかの行動に駆り立てることがあるのを、あなたは経験していることでしょう。怒らないなんてムリというあなたは、意志の力、行動力のある人です。自分では正義感が強く、人や物事に対して平等で公平な見方をしていると思っていることでしょう。でも、それは思い込み。自分にいいことを言ってくる人をかわいがり、えこひいきしているところがあるのでは？

**Ⓑを選んだ人……「自分は繊細で傷つきやすい」と思い込んでいる**

泣くのは感情。ぜったい泣かないなんてムリというあなたは、感情の豊かな人です。他人の気持ちを思いやり、共感する能力を持っています。だから、自分は〝いい人〟だと思っていることでしょう。しかも、傷つきやすく繊細なところもあると思っているはず。たしかに、そういう一面はあるにせよ、あなたは自分で思っているよりもずっとワガママで自分中心な部分があり、人に対して意地悪な見方をする人です。ふだんの言動を振り返ってみて、気づくことはありませんか？

**Ⓒを選んだ人……「自分は頭がよくない」と思い込んでいる**

笑いは知性と関係があります。どんなことで笑うかによって、その人の知性のレベルが知れるというものです。笑わないでいるのはムリというあなたは、頭のいい人です。バカなふりをしていても、バカをやるのは賢い人間でなければできないものです。でも、自分は周りからは頭が悪いと思われているに違いないとあなたは思っています。それが、あなたの思い込みです。その思い込みがあるために、本当の頭のよさを発揮できていないのではないでしょうか。

# 3章

モテ期、愛情表現、秘めた欲望……

# その〝恋のゆくえ〟まで読めてきてしまう！

TEST 28

# 森の中で、どこからともなく聞こえてきた音色は？

森の中を歩いていると、どこからともなく楽器の音が聞こえてきました。あなたはその音色に魅了され、森の奥へ奥へと進んで行きたくなりました。それは一体、どんな楽器の音色だったでしょうか？

Ⓐ バイオリン、ハープ

Ⓑ アフリカンドラム、太鼓《たいこ》

Ⓒ フルート、笛

## TEST 28 診断

# 聞こえてきた楽器の音色から、あなたの「理想の恋愛」がわかります

楽器の音色は、私たちの深層心理に働きかけるものがあります。どういう音色に惹かれるかというところから、あなたの恋の深層心理を探ってみることにしましょう。

### Ⓐを選んだ人……**ときめきにあふれた、ロマンチックで甘い恋を夢見る**

バイオリンやハープの音色はハートを刺激します。あなたは胸ときめくような恋がしたい人。あなたが夢見ているのは中世の貴族のような、上品で美しく洗練された恋のシチュエーション。

お互いの気持ちを確かめあう恋の駆け引きを楽しみ、会えない時間は詩や日記に自分の気持ちをつづる。昼下がりの草原の木陰で、愛する人とやさしく身を寄せあい、愛の言葉や甘い口づけを交わす。そして、二人だけの世界に浸る……。でも、現実の出会いは、そんなロマンチックな恋とはかけ離れたもので、つきあい始めると幻滅を感じてしまうこともありそう。

### Ⓑを選んだ人……欲望をぶつけあう、セクシャルな恋がしたい

ドラムや太鼓の音は、腹に響くところがあり、私たちの本能を刺激するもの。あなたは、原始的な欲求が呼び覚まされるようなワイルドな恋がしたい人。目と目があった瞬間に官能的な衝動にかられて、衣服をはぎとるのももどかしく、肉体的なつながりを持ってしまう。セクシャルな交わりが頂点に達すると、疲れ果てて眠ってしまう。それがすべてという恋こそあなたの理想。でも、そんな欲求をあらわにすれば、自分がセックス好きと思われそうで、好きな人の前でも悶々《もんもん》としているのでは？

### Ⓒを選んだ人……とことん相手を大切にする、プラトニックな恋が理想

フルートや笛の音色は、頭の中に澄《す》んだ空間を広げてくれるよう。あなたは透明感のあるピュアな恋がしたい人。感情的な恋の駆け引きは苦手で、セクシャルな欲望をあらわにした迫り方や迫られ方もしたくない。恋をすると、その恋を大切にしたいがゆえに、好きな人には指一本触れられない、プラトニック・ラブになりそう。生身の人間よりも、アニメのキャラクターなど、バーチャルな存在に胸ときめくことが多いかも。空想の世界の純粋な愛こそあなたの理想。現実の恋には臆病なようです。

TEST 29

## 男の人が買っていった、バラの花は？

花屋さんで、
バラの花を買っている男の人を見かけました。
どんなバラを買っていたでしょうか。
男の人が買っていったバラの花を思い浮かべてください。

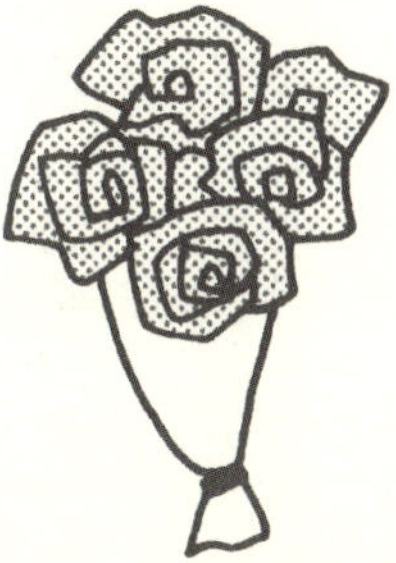

Ⓒ 大きなバラの花束

Ⓐ 一輪のバラ

Ⓓ 鉢植えのバラ

Ⓑ 三本のバラ

TEST 29
診断

男の人が買ったバラの本数から、あなたの
# 「ロマンチック度」がわかります

バラの花を買う男の人は、そのバラを恋人に贈るのでしょうか？　あなたが思い浮かべたバラのイメージから、ロマンチック度がわかります。

**Ⓐを選んだ人……甘いロマンチックな恋の主人公になりたい！**

一輪のバラは、一途な恋の情熱を表わしています。あなたは甘美な恋を夢見るロマンチスト。運命の出会いによって結ばれた恋人同士が、この世のどこかに存在すると信じています。そして、自分もそんな恋の主役になりたいと思っているのです。ただ、甘いムードを餌《えさ》にする、女ったらし、男ったらしに引っかからないよう気をつけて。

**Ⓑを選んだ人……現実的な側面が、ロマンに走るのを引き留める……**

三本のバラは愛の告白のようですが、好きという気持ちは伝わっても、一途な気持ちが表現されていません。あなたはロマンチックなものに憧れてはいますが、ロマンチストというほどではありません。恋をしても、現実的でしたたかな顔も持ちあわせています。愛だけじゃやっていけない、生きていくには生活費も必要と考える人。誰かとおつきあいするにも、「本当にこの人でいいのかな」なんて、ときどき迷いそう。

### Ⓒを選んだ人……「ロマン」より「ゴージャス」「ステイタス」に惹かれる

バラの花束はあふれるほどの愛を表わしています。でも、愛を量で表わすのはロマンチックではありません。あなたは一途で慎《つつ》ましい恋よりも、ゴージャスで華やかな恋がお好みの人。素敵な相手を捕まえて、人からうらやましがられるような恋をしたいのです。見た目はよくてもお金のない相手では、百年の恋も冷めるわという人。

### Ⓓを選んだ人……ゆっくりと、時間をかけて育てる愛が理想

鉢植えのバラは、時間をかけて育む愛を表わしています。あなたは情熱的な恋よりも、やさしくあたたかく見守るような愛にロマンを感じる人。ちょっぴり奥手なので、まずは友人として趣味の話などをすることから距離を縮め、親しい仲になりたいのです。友情のように育む恋が理想。

TEST 30

# ジェットコースターの、どこの段階にいる?

ジェットコースターに乗っているところをイメージしてください。

あなたは今、どこにいる?

Ⓐ これから出発するところ
（乗ってベルトを締《し》めたところ。
そろそろ動きだす感じ）

Ⓑ だんだん上っていくところ。
（急降下の上り下りの、
上りピーク近く）

Ⓒ 急降下するところ。
（ワーとみんなが絶叫している、
急降下シーン）

Ⓓ もう降りるところ・到着寸前のところ。（水平なところにきて、怖いのがすぎてほっとしている感じ）

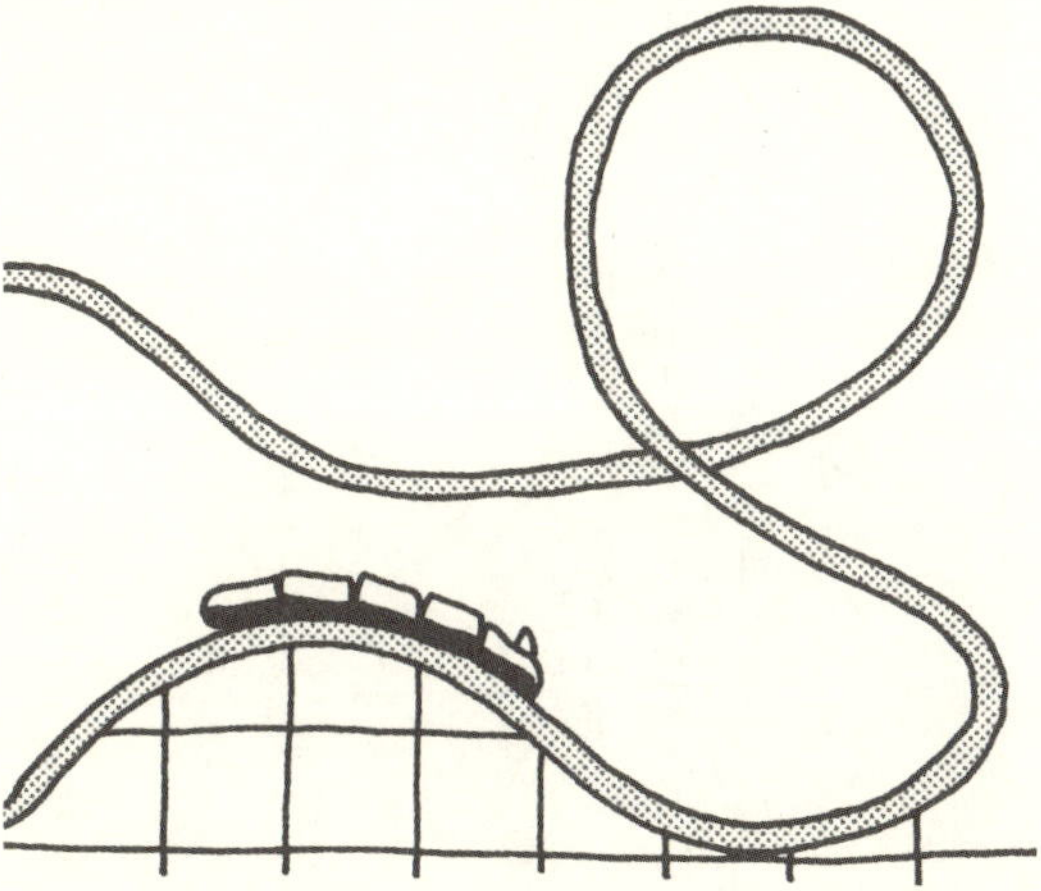

## TEST 30 診断

# ジェットコースターの段階から、あなたの「モテ期」がわかります

ジェットコースターのワクワク・ドキドキの期待感は、性愛体験への期待感と同じ。どんなシーンを選んだかで、あなたの性愛体験への期待度と、あなたが放っている恋のオーラがわかります。そこからあなたの「モテ期」を診断しましょう。

Ⓐを選んだ人……**まだまだ、モテ期はこないかも……**

あなたがイメージしたのは、絶頂期へ向かうことへの恐れと期待が入り混じった時期。自分がどうなってしまうかわからない怖さと、我を忘れるほどの興奮への期待感に、ワクワク・ドキドキしながらも、多少緊張気味。性愛の喜びを堪能《たんのう》するには、まだ心の準備ができかねています。モテ期はいまだ到来していません。

Ⓑを選んだ人……**もうすぐ、モテ期到来！**

あなたがイメージしたのは、もうすぐ絶頂体験を味わえるという期待感で高まって

いるシーン。あなたは性愛体験への期待感が高まり、周りに「その準備ができていますよ」というオーラを放っています。そのオーラに引き寄せられて、相手が寄ってきます。もうすぐ、モテ期到来です。大いに期待し、魅力を磨きましょう。

**Ⓒを選んだ人……モテ期到来！　今が人生最高のモテ期！**

絶叫が聞こえる急降下、この恐怖と興奮を味わい楽しむために、人はジェットコースターに乗るわけです。このシーンを選んだあなたは、性愛の楽しみへの期待に満たされ、その快楽を味わう準備ができているようです。体内から放たれるそのオーラが異性を引き寄せ、まさに今がモテ期です。この機会を逃さず大胆に行動しましょう。

**Ⓓを選んだ人……モテ期はすでに過ぎたころ⁉**

あなたがイメージしたシーンは、すでに絶頂体験を味わった後の状態を表わしています。少し興奮が冷め、けだるい満足感とほっとした気持ち。それはまさに、性愛の絶頂を体験し終えたときの心理そのもの。あなたがほしいのは、同じ興奮を何度も味わえるステディーな相手なのです。

TEST 31

# 興味を持った船の写真は？

海に浮かぶ船の写真を見ています。
あなたが興味を持ったのは、どんな船ですか？

Ⓐ豪華客船

Ⓑマグロ漁船《ぎょせん》

Ⓒタンカー

Ⓓ遊覧船

Ⓔ難破船《なんぱせん》

## TEST 31 診断

# どんな船を選んだかで、あなたが出会いたい「運命の相手」がわかります

海に浮かぶ船は、あなたが身も心も預けたいと思う相手を表わしています。

**Ⓐを選んだ人……みんなに自慢できる「高スペックな人」が最高**

「好きな人と結ばれたい」「愛があれば幸せ」なんて口では言っていても、「やっぱりつきあうなら、経済力があって、カッコよくて、友達にも自慢できる相手」というのが、あなたの本音。ハイレベルな相手が集まる婚活パーティーに出かけてみては？

**Ⓑを選んだ人……「自分にまかせろ」と引っ張ってくれる人が理想**

「頼りがいのある人」を求めるあなた。現実的で、生活力があり、体力もあって、あなたを軽々とお姫様抱っこしてくれるような相手が理想。男気があって、向こうから近づいてきて「オレとつきあってくれ」というような人に憧れます。

**Ⓒを選んだ人……心やさしい、「自分の理解者」に巡り会いたい**

「自分を理解してくれる人」と出会いたいあなた。周りの人には何か物足りなさを感じ、遠い異国のどこかに、自分を待っている人がいるのではと淡い期待を抱いています。とある国のどこかの、やさしい外国人があなたにとっての「運命の人」かも。

**Ⓓを選んだ人……身近でよく知った人こそ、安心してつきあえる**

つきあうなら、身元の確かな安心のできる人。それは同級生や先輩、同じ職場で働く人など。日ごろから見知っているので、「運命の人なんて大げさだ」と感じてしまうような人こそ、実はあなたを幸せにしてくれる「運命の人」なのかも。

**Ⓔを選んだ人……「私だけがこの人を支えられる」と思いたい**

ふつうの人では物足りず、訳アリ男や特別な才能のある人に憧れます。たとえば、事業に失敗し、どん底から次を目指している人、アーチストや俳優を目指し、下積み生活を送っている人など。「私だけが彼の才能を理解し、支えてあげられる」という思いが、あなたにとっては苦労の多い「運命の人」を引き寄せてしまいそう。

TEST 32

# ドレスアップして、パーティーに出席します

パーティーに出席することになりました。

思い切って派手な装いをして行こうと思います。

衣装は、どんな色の組みあわせにしたいですか?

Ⓐ 赤と紫

Ⓑ 黒と黄

Ⓒ ピンクとグリーン

Ⓓ ゴールド一色

TEST 32 診断

パーティーでの装いで、あなたの
# 「秘めたセクシャルな願望」がわかります

パーティーの衣装は自分を魅力的に演出するもの。その衣装の下には何があるのか、セクシャルな好奇心を起こさせます。あなたが秘めている欲求を探ってみます。

**Ⓐを選んだ人……不倫のような〝道ならぬ恋〟に燃え上がりたい**

赤と紫は、情熱と神秘の色。あなたは激しく燃え上がる恋を求め、この世のものとも思えないエクスタシーをもたらす経験に憧れています。身近な相手とのイージーな関係ではなく、二人の間に立ちはだかる障害を乗り越えて結ばれるような恋に情熱がかき立てられます。不倫や結ばれてはならない人との行為に溺《おぼ》れたいのです。

**Ⓑを選んだ人……あんなこともこんなことも試せる、性の冒険がしたい**

黒と黄色は危険を表わす色、これは一種の警告です。危険を承知で自分をねじ伏せてくれるような相手を求めています。性的好奇心と征服欲でランランと目を輝かせ、あられもない姿で交わるような性の冒険がしたいのです。あんなことも、こんなことも、全部試して、まだまだ欲望が尽きないような、底知れぬ性の快楽を味わいたい人。その行為があれば、「愛している」なんて言葉はどうでもいいのです。

**Ⓒを選んだ人……食欲や睡眠欲を満たすように、日常的に交わりたい**

ピンクとグリーンは自然の草花を表わしています。あなたが求めているのは、ナチュラルで無邪気なセックス。お互いになんの疑いも心配もなく、一緒にいることで幸せを感じる相手と、いつでもどこでも、したいときに交わるような関係を求めています。食欲や睡眠欲を満たすのと同じようにセクシャルな飢《う》えを満たしたいようです。

**Ⓓを選んだ人……〝自分が認めた相手〟とゴージャスな関係を持ちたい**

ゴールドは価値あるものを意味しています。あなたは気位高く構えている人。自分が体を開く価値があると見なした相手の前ではじめて、性の潤いを感じます。相手を受け入れてもあからさまに乱れず、つねに見られることを意識して、演技しています。エクスタシーを装う自分の声に、本当にエクスタシーを感じてしまうのです。

TEST 33

# 青春の「あの日」に戻れるとしたら――?

もしも、あの日あのときに戻れるなら……。
思春期を描いた胸キュンアニメのワンシーンのようなあの日。

あなたが戻りたいと思うのはいつ?

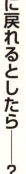

Ⓐ クラス替えが発表された新学期

Ⓑ 夏休み、夏祭りの花火大会の夜

Ⓒ 応援合戦で盛り上がった体育祭

Ⓓ ギリギリまで準備に追われた文化祭

Ⓔ 夕日がきれいだったあの日の放課後

## TEST 33 診断

# 戻りたい思春期の記憶から、あなたが「取り戻したい恋の気分」がわかります

今はもう戻れない思春期。心は揺れ動き悩み多い年ごろだったけど、今よりもずっと純粋な気持ちで、恋への憧れを抱いていたはず。そんな気持ちを取り戻してみたいと思いませんか。このテストでわかるのは、あなたが取り戻したい恋の気分です。

### Ⓐを選んだ人……「出会いのときめき」を取り戻したい

クラス替えが発表される日は、誰と同じクラスになるのかワクワクドキドキ。もしかしたら、あの子と一緒？　その期待感だけで恋の気分が高まります。彼が素敵、あの子がいい、好きな人はいるのかしらと、無邪気にはしゃいでいられたあのころ。恋は楽しいと感じていたはず。

あなたが取り戻したいのは出会いの予感。マンネリ化した日常を脱し、新しい世界に飛び込んでみては？　人との出会いが期待できるサークル活動やイベントなどに参加するのもよし。思い切って海外へ旅に出るのもいいかもしれません。

## Ⓑを選んだ人……「初めてのセックス」の興奮を取り戻したい

夏祭りの夜はとりわけ、異性の姿が魅力的に見えるもの。ふだん意識していなかったあの子が、いつもより大人っぽく見えてドキッとさせられることも。夏は性の誘惑と恋の冒険の季節です。お祭りの雑踏の中で見知らぬ相手と目があって、吸い寄せられるように近づいていってしまうことも。汗ばんだ肌が触れあえば、やがて二人は人気のない場所へ。性の衝動にかられて、ひと夏の体験まであと一歩。

あなたが取り戻したいのは、初々しくも悶々とした初体験前の気分。取り戻すのはなかなか難しいものかもしれません。

## Ⓒを選んだ人……「爽やかでピュアな恋」の感覚を取り戻したい

体育祭は東西南北に分かれて競ったり、クラス対抗の競技で盛り上がります。ふだんはバラバラな生徒たちの心も、この日だけは連帯感が生まれます。この日だけは堂々と大きな声で、好きな人や憧れの先輩を応援できます。

あなたが取り戻したいのは、そんな爽やかな恋の気分。二人がつきあっていることをみんなが知って応援してくれるような、オープンで「公認の仲」になれる恋に憧れています。社内恋愛、職場恋愛で周りの人の応援を得て、後押しをしてもらいましょう。

## Ⓓを選んだ人……「好きな人とお互いを励ましあう」喜びを取り戻したい

文化祭は自分たちでやっていることを、みんなに見てもらうとき。舞台で歌ったり、お芝居をしたり、創作やパフォーマンス、出店など、表現の仕方はさまざま。そういうことに夢中になれるのは、物事に熱中しやすい人。人から注目を浴びたい、人から評価されたいという気持ちも。

あなたが取り戻したいのは、何かに夢中になれた時期。好きな人と、お互いにその夢中になっていることを応援しあえるような、友達以上恋人未満の恋。もっと自分を輝かせるために、今でも熱中できることをやってみましょう。

## Ⓔを選んだ人……「理想の恋人」を追っていた自分を取り戻したい

夕日のきれいな放課後は、とくに変わったことのないありきたりの一日を、何か特別なものに思わせてくれました。思春期まっただ中の少年少女は、まさに恋に恋するお年ごろ。現実の恋には奥手でも、空想の中では、誰も経験していないような特別な恋を夢見ています。

あなたが取り戻したいのは、「現実はこんなものよ」なんて言わないで、どこかに理想の恋人がいるかもしれないと、まだ夢を追っていたころの自分。理想の恋を描いた質のよい文学作品などに触れ、心に潤いを取り戻しましょう。

# TEST 34 結婚に向くか・向かないかチェックテスト　その1

テスト34・35・36は、あなたが結婚に向く人か、それとも結婚には向かない人かを診断するものです。さてどんなことがわかるでしょう。チェックしてみてください。

次の七つの項目のうち、あなた自身に当てはまるものに○、当てはまらないものに×印をつけてください。

□出がけに財布はどこに置いたか、携帯・スマホはどこだっけと探していることがよくある。
□お天気が気になるときでも、傘《かさ》を持って出るのを忘れることが多い。
□食事時間や寝る時間も忘れて、好きな仕事や趣味に熱中してしまうことがある。
□洗濯物をいちいちたたむのが面倒くさいと思うことがよくある。

□就寝・起床・食事時間がきちんと決まっているような生活はムリ。かえってストレスがたまりそう。
□何か熱中できるものがあれば、他には何もいらないという感じがする。
□財布の中にいくら入っているのか、貯金の残高はいくらか正確には知らない。

※ここでは、×印のついた数だけを数えてください。その数がそのままあなたの得点となります。

## TEST 34 診断

## ×印の数から、あなたが「家事上手かどうか」がわかります

このテストでは、あなたの家庭的な要素をチェックしてみました。×印が多かった人のほうが、家事上手ということになります。

**×印のついた数6個以上：家事のスペシャリスト！**

あなたは、とても家事上手。家事は苦にならず、掃除、洗濯、料理、生活費の管理なども、きちんきちんとやっていけるでしょう。家の中を快適に整えておくことができます。「家事をちゃんとやると、気持ちよく過ごせる」と思える人です。

あまり外に出歩かず、家にいるのが好きで、専業主婦・主夫の生活は理想的。主婦・主夫の鑑《かがみ》といわれそう。そういう意味で結婚に向いているタイプです。

**×印のついた数4～5個：ぐうたらしちゃって、家事は手抜きしがち**

あなたは家事はそれほど得意ではなく、適当に済ませる傾向があります。洗濯も料

理も掃除も、生活を維持するためにやらなくちゃいけないから、仕方なくやっているという感じです。できるだけ家事に手間暇をかけたくないと思っています。

一方で、なんとなく「専業主婦ってラクそう」と思っているのでは？　だから、自分も結婚して主婦・主夫になってもいいと思うことがあるはず。

## ×印のついた数3個以下：家の中にいるだけじゃ、満足できない！

あなたは家事全般が苦手そう。それに興味もないでしょう。外に行って何かをすることだけで頭がいっぱいです。一日中家にいて、家の中のことだけやっていると、退屈に感じるでしょう。家事からは、充実感が得られません。部屋が散らかり放題ということもあるのではないでしょうか。

そのため、家の中のことがきちんとできる相手を望むパートナーやその身内からは、不満を持たれかねません。その点では結婚向きとはいえないでしょう。

TEST 35

# 結婚に向くか・向かないかチェックテスト　その2

次の七つの項目のうち、あなた自身に当てはまるものに○、当てはまらないものに×印をつけてください。

□ホームパーティーでおもてなしをするのが好き。
□ＳＮＳに載せる自分の写真は、正面からカメラ目線でにっこり微笑んでいる顔写真。
□飲み会や鍋料理のときは、進んで周りの人みんなに、飲み物や料理を取り分けてあげる。
□嫌いな人や苦手な人に対しても笑顔を向け、困っていれば助けてあげる。
□親しい人と腕を組んだり、うれしいと思うとハグしたり、スキンシップしている。
□毎晩、鏡の前でスキンケアにじっくり時間をかけている。

□ちょっと人に会うときでも、手土産やプチプレゼントを欠かさない。

※ここでは、○印のついた数だけを数えてください。その数がそのままあなたの得点となります。

TEST 35
診断

○印の数から、あなたが
## 「愛情表現が上手かどうか」がわかります

このテストでは、あなたの愛情面の性質を探ってみました。

愛情豊かで、パートナーや家族にたくさんの愛を注ぐと同時に、自分も愛されたいという欲求を強く持っている人は、結婚に向いています。
○印が多かった人が、愛情表現が上手ということになります。

### ○印のついた数5個以上：世話焼きで、尽くすことに喜びを感じる

あなたは愛情豊かで家庭的な人。「愛されたい」という欲求が強く、愛されたいからこそ尽くすことのできる人です。自分が愛されている、必要とされていると感じられることが生きがいになります。

家族というつながりを大切にし、パートナーや子供のために尽くし、細やかに世話をするでしょう。そんなあなたにとって、結婚は手に入れたいステイタスでもあるはず。

### ○印のついた数3～4個：〝見返り〟を期待してしまうところあり

あなたは自分が愛されたい人。あたたかい家庭を望んではいますが、自分がそれを作り出すというより、結婚相手に要求することが多いようです。パートナーや子供の世話をしても、「こんなにしてあげているのに」と、愛の見返りを求めたくなるでしょう。

何よりも、自分の幸せのために結婚を考える人です。「負け組」と言われたくないという気持ちもあるようです。

### ○印のついた数2個以下：愛情表現が下手

あなたには、あたたかく華やかなものが欠けていそう。自分を愛らしく見せることや、自分から進んで人のために尽くすことが、人に媚びることだと思ってしまっているのでは？　きっと愛情表現が下手な人なのでしょう。

パートナーや子供のためにかいがいしく働くタイプではなさそう。あまり家庭的な人という雰囲気がしません。

# TEST 36 結婚に向くか・向かないかチェックテスト　その3



次の七つの項目のうち、あなた自身に当てはまるものに○、当てはまらないものに×印をつけてください。

□パソコンの設定や新しいスマホの操作法は、自分で覚えてやってしまえる。
□自分一人でいられる時間とスペースが、たっぷりほしい。
□見たい映画があれば、一人で映画館に行くこともある。
□夜に家に帰ってから、友達に「ちょっと出てこない？」と誘われたら遊びに行く。
□自分よりずっと年下の後輩に慕われる。
□ボディメイクのための筋トレや格闘技エクササイズにはまっている。
□カフェやレストランに一人で入り、一人でランチは当たり前。

※ここでは、×印のついた数だけを数えてください。
その数がそのままあなたの得点となります。

TEST 36
診断

×印の数から、あなたが
# 「一人でいるのが好きかどうか」がわかります

このテストではあなたがどれくらい自立しているか、一人でいることが苦にならない（むしろ一人が好き）か、お一人様でやっていけるかを診断しました。

○の数が多かった人は、一人でもやっていける、自立しているということになります。そして×の数が多かった人が、一人でいるのが好きではない人です。

## ×印のついた数5個以上：一人じゃ何にもできないタイプ

あなたは自立度の低い人。一人ではできないことが多そう。誰かに頼りたい、甘えたい、一緒にいて安心したいという気持ちが強いようです。お一人様には向かないタイプ。あなたが結婚している人なら、結婚したことを後悔していないはず。

あなたが今独身なら、いつまでも親に頼っているわけにもいかず、安心を得るためには、頼りがいのあるパートナーを見つけて結婚するしかなさそうです。

## ×印のついた数3～4個：ちょっと不安、できれば誰かに頼りたいタイプ

あなたは心のバランスもとれていて、一人の時間も誰かとの時間も楽しめるタイプ。一人の自由も失いたくないし、パートナーと一緒にいる安心感もほしいと感じています。あなたが結婚している人なら、伴侶《はんりょ》とは互いに支えあう、よい関係を築いていけるでしょう。

あなたが今独身なら、好きな人がいて、カップルになれば結婚願望は高まるかも。でも、実際問題としてつきあっている相手がいなければ、いつまでも迷い続けそう。

## ×印のついた数2個以下：自立しきっていて、お一人様御用達タイプ

あなたは自立度がきわめて高い人。精神的にも経済的にも、しっかり自立しているようです。他人に依存せず、なんでも自分でできる人。一生結婚しなくても大丈夫そう。あなたが結婚している人なら、パートナーとはベタベタした関係ではないはず。

あなたが今独身なら、結婚すれば、これまでの自由な生き方が制限されて窮屈に感じてしまうかもしれません。自分でもうすうす、結婚向きではないなと感じているのでは？

**〈総合診断〉**

テスト34・35・36の結果を足したものがあなたの「結婚向き度」総合得点になります。

テスト34で×印のついた個数＋テスト35で○印のついた個数＋テスト36で×印のついた個数　＝□点

**16点以上：あなたの幸せには、結婚が不可欠！**

あなたは結婚向きの人。結婚すれば幸せになるでしょう。結婚しないと「結婚できない私は幸せじゃない」と感じ、不幸せ感を抱き続けそうです。恋愛よりもお見合いで、条件のいい相手を見つけたほうがいいかもしれません。

**12〜15点：「結婚したい！」という気持ちが強いはず**

あなたはどちらかというと結婚向き。結婚しないと、いつまでも「結婚したい」と思い続けることになるでしょう。そして、結婚している人がみんな幸せそうに見え、妬ましく思えるでしょう。積極的に婚活しましょう。まずは社内・仕事関係・かつての同級生などから当たってみて。

## 8〜11点：結婚してもしなくても、人生を楽しめる

あなたはそれほど結婚向きではなさそう。必ずしも、結婚できたら幸せと感じるかどうかはわかりません。将来、結婚してもしなくても、できる仕事やキャリアを積んでおくとよいでしょう。いろいろなイベントやサークル活動などに参加し、人とのつながりを増やしましょう。人との出会いが人生の支えになります。

## 7点以下：一人で生きていくほうが幸せなタイプ

あなたは結婚向きではなさそう。結婚しなくても一人でやっていける人です。十歳も二十歳も年上の人と友達になり、迷ったときの相談相手になってもらいましょう。スポーツジムやヨガ教室などに通い、自分で自分を愛せるような体作りをしましょう。〝カッコいいお一人様〟を目指してみては？

# 4章

今のことも、これからのことも

# お金・仕事・未来——深層心理はすべてを知っている！

# TEST 37 旅行に行く友達が、夜行バスに乗るそうです

夜に出発する夜行バスで、旅行に行くという友達。
ふつうは飛行機や新幹線で行く距離。
でも、夜行バスだと格安になるのだそうです。

その話に興味を持ったあなた。
友達に、詳しく聞きたくなったのは、
どんなこと?

Ⓐ チケットはいくら?
（格安と聞いて、

新幹線や飛行機と比べて、
どれぐらい値段が違うの？）

Ⓑ ちゃんと寝られるの？
（夜行バスと聞いて、
座席はどうなっているの、
トイレはあるの？）

Ⓒ 何時に出て何時に着くの？
（長距離と聞いて、
バスだとどれぐらいかかるの？）

Ⓓ 誰と行くの？
（旅行と聞いて、一人で行くの、
それとも誰かと一緒に行くの？）

## TEST 37 診断

# 旅行に行く友達への質問から、あなたが「人生に本当に求めているもの」がわかります

あなたが友達に尋ねたことは、ふだんからあなたが関心を持っていることです。その質問から、あなたが何をいちばん求めているか、本当にほしいものがわかります。

**Ⓐを選んだ人……何物にもしばられない〝自由〟がほしい人**

あなたは、損得勘定で物事を判断する人。なんでも損か得か、自分にメリットがあるかどうかということが、非常に重要な関心事です。あなたは「何がほしい？」と聞かれれば、お金と答えるでしょう。しかし、本当にほしいだけのお金が入ったときに気づくのです。自分がほしかったのは、何物にもしばられない自由なのだと。

**Ⓑを選んだ人……〝生き生きした人生〟を手に入れたい人**

あなたは、身体的な快・不快で物事を判断する人。自分の本能を満たすことに関心が向いています。たとえば、食欲を満たす食事、快適な睡眠、面倒な手続きなしに

セックスできる相手。しかし、あなたが本当に求めているのは、もっと生き生きとして張りのある暮らし。居心地のよさだけを求めていると、充実感は手に入らないかも。

### Ⓒを選んだ人……〝生きる知恵〟を求めている人

あなたは、何が真実かを考える人。知りたいことはインターネットで検索するなどして、自分で情報を集め、判断するでしょう。知識を得ることで、将来のために備えています。しかし、実際には未来に何が起こるかはわからないもの。あなたが本当に求めているのは、知識や情報を超えた生きる知恵です。何が真実なのか、見定めるための知恵を身につけたいものです。

### Ⓓを選んだ人……人との〝気持ちのつながり〟がほしい人

あなたは好き嫌いで物事を判断する人。人からどう思われているかを気にし、人から好かれたいと思っています。しかし、自分は感情で「あの人は好き」「この人は嫌い」と判断しているのに、どうして自分だけがみなから好かれることがあるでしょうか。あなたが本当に求めているのは、気持ちのつながりが感じられる人間関係です。

TEST 38

## オリンピックのニュース。いちばん感動したシーンは？

テレビをつけると、
オリンピックでメダルを獲得したアスリートの
ニュースが流れています。

あなたがいちばん感動したのは、
どんなシーンでしょうか？

Ⓐ 親がコーチで、子供のころから厳しくしごかれ、反発しながらも練習に励んできた選手が優勝を果たし、一緒に喜びの涙を流しているシーン。

Ⓑ チームで優勝を果たし、先輩・後輩がみな仲よく肩を組んで喜びあっているシーン。

Ⓒ 宿命のライバルといわれた二人が、金・銀の表彰台に並び立ち、握手しハグしている姿。

## TEST 38 診断

# 見ていて感動する選手の姿から、あなたが「能力を発揮するために必要なもの」がわかります

オリンピックでメダルをとったアスリートは、世界のトップに立つ存在。それは人が自分の能力を最大限に発揮し、自己実現した姿を表わしています。選んだ答えから、あなたが自分の能力を発揮するために必要だと感じているものがわかります。

### Ⓐを選んだ人……能力を引き出し、導いてくれる「指導者」が必要

あなたが求めているのは、自分を保護し導いてくれるような大きな力です。自分はどういう方向に進めばいいのか、能力の伸ばし方や仕事の選び方、生き方全般において、的確な指針を示してくれるような導き手です。

しかし、これまでそういった導き手が得られず、自分はほったらかしにされてきたと感じているのでは？　導き手は自分から求めていくしかありません。尊敬できる先生や師と仰《あお》げる人を見つけ、教えを乞《こ》いましょう。自分からアドバイスを求め、そういった人のもとに足しげく通いましょう。

## Ⓑを選んだ人……「グループの一員」として誇りを持てることが必要

あなたが求めているのは、自分がどこかに属しているという帰属意識が持てること。帰属意識とは、ある特定のグループや集団の一員であることに誇りが持て、他のメンバーとの信頼関係が成り立っていると感じられること。帰属意識が持てれば、そのグループや集団、そして仲間のために喜んで働くことができます。

あなたはこれまで職場、また過去には学校に、そういった帰属意識を感じられなかったのかも。信頼できる仲間や誇りを持って働ける職場をみつけたいものです。

## Ⓒを選んだ人……「評価」「承認」「賞賛」が、いちばんのガソリンになる

あなたが求めているのは、人から認められること。「自分の能力や実力を認めてほしい」という承認欲求が強いようです。その根底には、自分が価値ある人間でありたいという気持ちがあります。そういう人は、人一倍がんばりのきく人ですが、頑張ってもなかなか思うように評価されないという気持ちもまた強いようです。

人からの評価はあくまで〝後から〟ついてくるものです。まずは、自分が努力したことを認められるような働き方をしましょう。

## TEST 39 招待されたイベントで、思わぬハプニング!

一般招待客として招かれた、イベントに参加。

空いている席に腰かけたら、役員が飛んできて、
「ここは来賓《らいひん》の方の席なので、他の席に移ってください」
と言われました。

さて、そのときのあなたの反応は?

Ⓐ「だったら、最初からわかるようにしておいてよ」と思い、ちょっと不愉快。

Ⓑ「あー、恥ずかしい。誰も見てなかったかな」と思い、顔が赤くなる。

Ⓒ別に何も思わず、「あっ、そうですか」と他の席に移る。

Ⓓ「どうしよう、失礼なことをしてしまった」と、ちょっとあわてる。

## TEST 39 診断

# 来賓席への考え方から、あなたの「お金持ちに対する感情」がわかります

来賓客は、一般招待客より地位の高い人。ここではお金持ちの象徴です。来賓客に席を譲れと言われたときの反応は、お金持ちに対するあなたの感情です。

**Ⓐを選んだ人……「なんとなく反感を抱いてしまう」**

あなたはお金持ちというと、自動的に反感を覚えるタイプ。相手がお金持ちだというだけで、自分が見下されているように感じてしまうからです。それは、あなたがお金持ちはみな傲慢《ごうまん》に違いないと思っているから。お金持ちがボランティア活動をしていれば、偽善だと思ってしまうでしょう。

**Ⓑを選んだ人……「うらやましい、私もセレブになりたい」**

あなたはお金持ちに憧れ、うらやましく思うタイプ。お金持ちはみんないい家に住み、いいものを着て、高価なものを所有していると思っているからです。「お金があ

れば幸せとは限らない」なんて口では言いながら、心の中では「やっぱりお金があれば幸せ」と思うあなた。自分もセレブのような暮らしがしてみたいと思っています。

**Ⓒを選んだ人……「とくになんとも思わない。私には関係ない」**

あなたは相手がお金持ちだからといって、とくに何も感じないタイプ。自分には関係のない話と思います。それは、あなたがあまりお金やモノに執着しないから。あなたが関心を持っているものは、お金を出せば手に入るものではないのかも。自分がお金持ちになっても、それでものの見方が変わることもないでしょう。

**Ⓓを選んだ人……「おこぼれにあずかれないかなあ」**

あなたはお金持ちの前では、庶民感覚丸出しになってしまうタイプ。お金持ちは偉いと思い、無意識のうちにへつらってしまうようです。お金持ちの知りあいがいれば、「こういう人と知りあいなの」とわがことのように人に自慢するでしょう。また、自分はお金持ちでもないのに、ブランド志向に走り、「やっぱり、いいものを持たなきゃね」なんて言っているかも。

# TEST 40 旅のしたくは、どんなふうにする?

次の問いに答えてください。

Q1
一泊二日の小旅行に行きたいと思います。
どんなふうに予定を組みますか?

Ⓐ 一か月前ぐらいまでには、
宿泊先や交通機関をきちんと予約しておく。

Ⓑ思い立ったらすぐとか、
直前になってから
宿泊先や交通機関を探す。

Q2
旅行中、ちょっと重い荷物を持って、
長距離を歩かなければならないとしたら、
どちらに入れていきますか？

Ⓧリュック

Ⓨキャリーケース

## TEST 40 診断

# 旅のしたくから、あなたの「困難の乗り越え方」がわかります

このテストでは、あなたが困難な状況に陥ったとき、どう対応し、どう乗り越えて行こうとするかがわかります。

**A X を選んだ人……忍耐強く、コツコツ努力し、乗り越えていく**

あなたは困難な事態に直面しても、あわてず落ち着いた行動のとれる人。置かれた状況を冷静に受け止め、それを乗り越えるために、一段ずつ階段を上っていくようにコツコツと努力を重ねてゆくことができます。苦しいときも泣き言を言わないでしょう。何もかも自分一人でやろうとせず、ときには人の助けを借りてもいいでしょう。

**A Y を選んだ人……人に相談することで、気持ちが軽くなる**

あなたは、想定内のことなら、これまでの経験にもとづく法則やマニュアルに従って、対応策を見つけられます。しかし、想定外のことが起きると、頭の中が真っ白に

なり、どうしていいかわからず右往左往してしまいそう。自分一人では解決できそうにないと感じ、誰かに相談せずにはいられないでしょう。あなたの相談に親身になってくれる経験豊かな先生や先輩、コーチなどよきアドバイザーを見つけましょう。

**Ⓑ Ⓧを選んだ人……たいていのことは「なんとかなるさ」と楽観**

あなたは楽観的なところがあり、困難な状況でも「大丈夫」「なんとかなる」という確信を持って行動します。実際、これまでなんとかなってきたと思っていることでしょう。たとえトラブルに巻き込まれても、それがきっかけで物事はよりよい方向に向かうと考えます。その楽観性ゆえに、自分で運を切り開いてゆけるでしょう。

**Ⓑ Ⓨを選んだ人……スタミナと体力を発揮し、スピード解決！**

あなたはつねに理性的な行動がとれる人。予期せぬトラブルがあっても、あわてずテキパキと処理します。大きな問題が発生すれば、解決のために不眠不休で働くこともできる人です。つらくても顔には出しません。「忙しくて三時間しか寝てないよ」というのは、あなたにとっては誇りかもしれませんが、健康管理は大切です。

## TEST 41 キリギリスを助けなかった、アリをどう思う？



アリとキリギリスの話です。

「キリギリスは夏の間働かず、遊んでばかりいたので、寒い冬がきても蓄《たくわ》えがなく、飢え死にしそうになりました。

一方、アリは、夏の間もせっせと働いて蓄えを積んできたので、冬になっても飢えることはありません。

アリのところへ、キリギリスが助けを求めてやってきました。

けれども、アリは『こんなことになるのはわかっていたのに、働かなかったお前が悪い』と言って、助けてあげませんでした。

キリギリスはとうとう、飢え死にしてしまいました」

さて、この話を読んであなたはどう感じましたか？

次の四つのうち、あなたの感じ方にいちばん近いものを選んでください。

Ⓐアリの言っていることは正しい。アリに非はない。

Ⓑアリはケチ。キリギリスを助けてやればいいのに。

Ⓒキリギリスは、アリよりも楽しい人生を送ったと思う。

Ⓓアリに助けを求めるのが、間違っている。

## TEST 41 診断

# アリへの考え方で、あなたの「責任感」がわかります

これはあなたが自己責任について、どう考えているかを調べる問題です。自己責任とは、「自分の行動による過失は自分が責任を負うべき」という考え方です。

**Ⓐを選んだ人……自分に厳しく、他人にはもっと厳しい！**

あなたは、すべては自己責任であると考える人。自分に厳しいですが、それ以上に他人に厳しく、懲罰的《ちょうばつ》。悪いことをした人は罰せられるべきという考えの人。

他人に対しては、よく「人のせいにするな」「言い訳は聞きたくない」などと言っているのでは？　自分にも他人にも、もう少し寛容になりたいもの。

**Ⓑを選んだ人……「寛容さ」と「身勝手さ」が両方ある人**

あなたは、自己責任という考え方を好まない人。何事も本人だけのせいではなく、いろいろな事情があるだろうと考えます。他人のすることには、自分に関係がなけれ

ば寛容なところがあります。しかし、自分のこととなると、「状況が悪かった」「あいつのせいだ」などと言い出すところも。寛容さと身勝手さが入り混じった人です。

### Ⓒを選んだ人……「責任」ではなく「運」で物事は回っていると考える

あなたは、責任を回避する人。いやなことはできるだけ避けて通ろうとします。いいことも悪いことも運のせい、だいたい自分はラッキーだと思っています。何か問題が生じても、「結果的にはよかったでしょう」と勝手な屁《へ》理屈を言うことも。自分が責任を引き受けることで、その身勝手さが減ってくるでしょう。

### Ⓓを選んだ人……クールに、感情的にならずに判断

あなたは、クールに状況を眺める人。安易に自己責任だとか、何かのせいにすることなく、冷静に物事を受け止め、何が問題なのか分析しようとします。「自己責任」という考え方自体が、すでに感情的な受け止め方だと思っているはず。ちょっと冷たく突き放したようなところはありますが、偏《かたよ》りのないニュートラルなものの見方ができるでしょう。

TEST 42

# 「がんばる」という言葉について、言われてうれしいのは？

「がんばる」ということについて、
あなたが言われてうれしいのはどの言葉ですか？
また、あなたが言われたくないと思うのは、
どの言葉でしょうか？

Ⓐ「がんばれ！
君ならもっとがんばれる」

Ⓑ「よくがんばったね」

Ⓒ「がんばらなくてもいいよ」

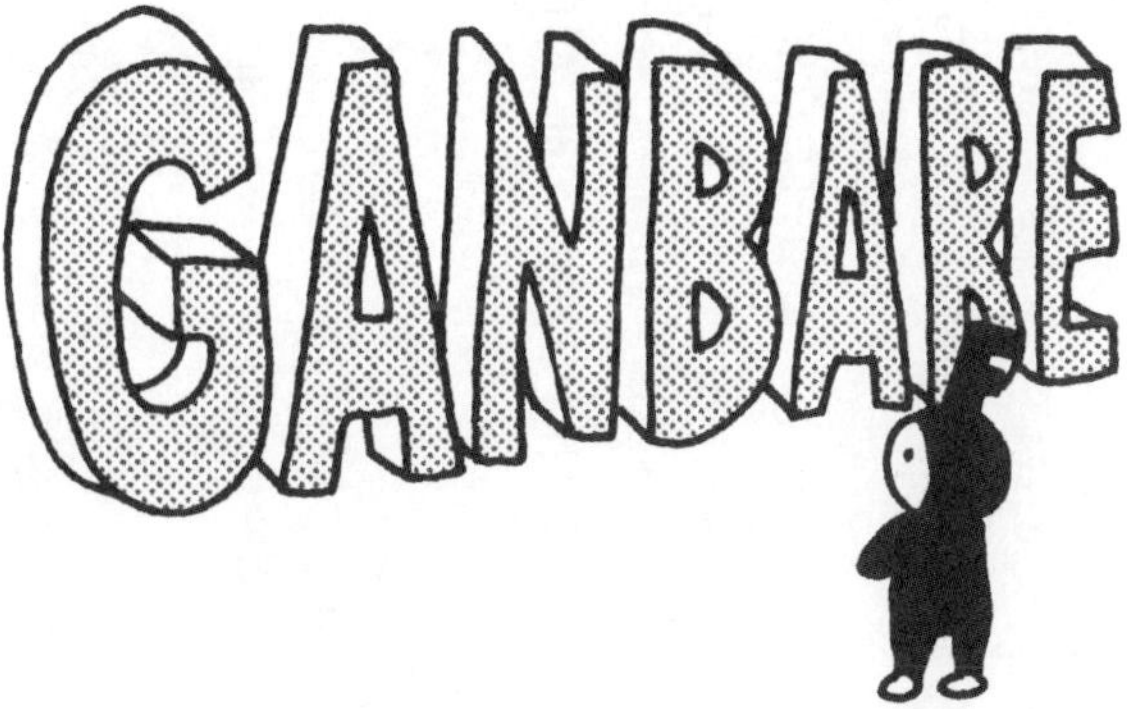

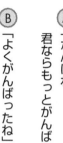

## TEST 42 診断

「がんばる」という言葉への印象から、あなたの

# 「サバイバル戦略」がわかります

同じ言葉でも、使い方によって、ニュアンスがまったく異なってきます。あなたが言われてうれしい言葉、言われたくない言葉から、社会の中でのあなたの生き残り戦略がわかります。

### Ⓐを選んだ人……「勝ち組」の中に入ることで、自分を駆り立てる

あなたは人より抜きん出ること、人に勝つことで、自分は生き残れると信じています。自分は「勝ち組」でなければならず、「負け組」になってしまえば、文字通り人生は敗北と感じられるのです。「がんばれ」はあなたにとって、やる気につながる言葉です。それは、自分で自分に言い聞かせている言葉でもあります。

ですから、「がんばらなくてもいいよ」と言われれば、意欲をそがれるように感じて、脱力してしまいそう。「よくがんばったね」と言われても、私はもっとがんばるから、と思ってしまうのでは？

**Ⓑを選んだ人……周囲の期待に応えることで、ポジションをキープ**

あなたは、日ごろからよくがんばっている人です。だから、「よくがんばったね」と言われると、その努力が認められたと感じるはず。あなたは、周りの期待に応え、周りに合わせることで、自分は生き残れると信じています。

しかし、「もっとがんばれる」と言われると、自分の努力が認められていないと感じ、「これ以上、どうすればいいの？」と泣きたい気持ちにさせられるでしょう。「がんばらなくてもいいよ」と言われたら、自分は期待されていないのかと悲しくなります。

**Ⓒを選んだ人……定期的に「引きこもる」ことで、バランスを保つ**

あなたは、人との競争を避ける人です。のんびりやで、ゆったり暮らしたいタイプ。野心を抱かず、何事もない平穏無事な生活を好みます。そんなあなたは「がんばらなくてもいいよ」と言われると、ほっとするでしょう。ムリしなくていいよと言われているようで少しラクになれるのです。

あなたは、自分の世界に引きこもることで生き残ろうとする人です。「がんばれ」と言われるとつらいし、「よくがんばったね」と言われても、心に響かないでしょう。

TEST 43

# みんなで話しあって決めたけれど、納得いかないことがあったら？

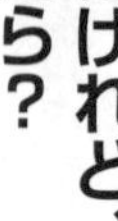

次のような状況をイメージしてみてください。
あなたはサークル活動をしています。
これからの活動について、みんなで話しあって決めたことがあります。
次の二つの問いに答えてください。

Q１：でも、後から考えてみると、どうしても納得がいきません。どうしますか？

もう決まったことだから何も言わない。⇩ A

もう一度話しあってもらうように言う。⇩ B

Q2：結局、もう一度話しあいの場が持たれることになりました。
でも、結論はあなたが納得のいかなかった結論と同じで変わりませんでした。
どうしますか？

決まったことだから、協力する。
⇩
Ⓧ

決まったことなら、自分は参加しない。
⇩
Ⓨ

## TEST 43 診断

サークル内での話しあいへの姿勢から、あなたの

# 「組織の中での立ち位置」がわかります

このテストでは、あなたが集団や組織の中で、どのような立ち位置にいようとするかがわかります。

**Ⓐ Ⓧを選んだ人……調停役になれるが、うやむやにごまかしちゃうことも**

あなたは人づきあいでの葛藤を極力避け、みんなを結びつけようとする人。対立しあうグループや人の間に立ち、調停役、仲介役となれる人です。その場に平和な雰囲気をもたらすでしょう。ただ、葛藤を避けるために、適当に人にあわせるだけになってしまうことも。あるいは、いてもいなくてもいい、人畜無害《じんちくむがい》な人を装うことも。

**Ⓐ Ⓨを選んだ人……冷静かつ公正に場をおさめるが、ニヒルなところも**

あなたは人とあまり親しくなろうとしない人。親密な間柄になることを避けている面があります。人を好き嫌いで判断せず、冷静に見ています。その役割は、みんなが

誰かをスケープゴートにしたり、いじめのターゲットにしたりするのを防ぐこと。ただ、自分はつねに単独であろうとするような、ニヒルな面が目立ちます。

**Ⓑ Ⓧを選んだ人……みんなのために働けるが、全体を優先しすぎるところも**

あなたは自分から人との関わりを求め、みんなのことを考えながらグループのために働き貢献できます。ただ、文句やグチを言うことがコミュニケーションのようになり、みんなから面倒がられてしまうことが。また、みんなに一致団結をうながし、「あなただけ特別扱いはできない」と、個人の例外を認めず全体主義に傾くことも。

**Ⓑ Ⓨを選んだ人……場を活性化させるが、自分の利益を優先しがち**

あなたは、お互いにメリットのある関係を望みます。自分自身が役に立とう、周りの人とうまく関わろうとする人です。ただ、自分の利益が最優先になりがちで、グループへの貢献ということはあまり考えていません。また、役に立たないと思った人間関係やグループは、とくに思い入れもなく、バッサリ切り捨ててしまえる人です。

TEST 44

# 目の前で、落とされた手袋。どうする？

あなたの前を歩いている見知らぬ人が、
ぽろっと手袋を片方落としました。
あなたはそれを見た瞬間、
どうしますか？

Ⓐ あわてて拾って、渡してあげる。

Ⓑ「落ちましたよ」と声をかける。

Ⓒ 落としたなと思うが、何もしない。

## TEST 44 診断

# とっさのときの反応から、あなたの「向いている仕事」がわかります

これは、とっさのときのあなたの反応を表わしています。あなたがすぐ行動に出るタイプか否かによって、向く仕事・向かない仕事がわかります。

### Ⓐを選んだ人……「接客・サービス・介護福祉」などが適職

あなたは、感情と行動が同時に生じる人。何かを感じたら、すぐにその感じたことを行動に移します。とりわけ、人に関心が強いので、他人が必要としていることを感じとり、その必要を満たしてあげることをします。

そういう人はおもてなしの仕事が向いています。接客・サービス業が適職です。顧客のニーズをくみとり、顧客を喜ばせ、かゆいところに手が届くようなサービスができるでしょう。相手のことを思いやり、労力を惜しまず働けるので、看護や介護の仕事も向いています。

## Ⓑを選んだ人……「企画営業」「司会」「コメンテーター」などが適職

あなたはよく口が立つ人。何かを感じると、行動に出るよりも先に言葉が出ます。言葉で人を動かすことができるのです。

そういう人は、人前に立つ司会業や、人を説得する必要のある仕事が向いています。たとえば企画営業などが適職です。会議でのプレゼンテーションなどもうまくできるでしょう。グループの中では、チーフやチームリーダー的な役割が向いています。みんなを仕切り、全体を動かしながら、自分も有言実行していけます。

## Ⓒを選んだ人……「調査員」「専門職」「IT関係」などが適職

あなたは、感情と行動が結びついていない人。何か感じたからといって、感じるままに行動することはありません。そのため、目の前で起こっていることに感情移入せず、冷静に観察することができます。そういう人は、人にはあまり興味がなさそう。もし興味があっても、それは観察の対象としての興味かもしれません。

人と接するよりも、機械やモノ、データ、資料などを扱う仕事が向いています。研究職や専門技術職、ＩＴ関係などが適職といえるでしょう。

TEST 45

# マニュアルにはないことを、尋ねられたら？

あなたは受付係です。
受付で聞かれたことには、マニュアル通りに答えるようにと言われています。
でも、マニュアルには答えが載っていないことを聞かれてしまいました。
どうしますか？

Ⓐ 「それについては、申し訳ありませんが、こちらではお答えできません」と言う。

Ⓑ 「ちょっと上の者に聞いてきます」と言って、上司にどうすればいいか聞く。

Ⓒ 「それについては、お答えできないことになっているのですが、自分ならこうすると思いますよ」と知っていることを伝える。

TEST 45 診断

# マニュアル外のことへの対応から、あなたの「目上の人からかわいがられるかどうか」がわかります

あなたは目上の人や職場の上司、先輩などから、どう思われているでしょうか。受付での受け答えから、あなたのかわいがられ度を診断しましょう。

## Ⓐを選んだ人……「しっかりした部下」と思われるも、そこ止まりかも

あなたは目上の人からかわいがられる素質があります。ただ、かわいがられても、自分から上司を頼ったり、ときに甘えたりしていくところがなさそう。なので、かわいがられやすいタイプとまではいえません。堅い組織や団体の上役、権威を重んじるタイプの保守的な上司からは、その仕事ぶりが信頼されることでしょう。

目上の人に対して、あなたのほうからちゃっかり甘えていけば、もっとかわいがられるでしょう。それで何か特典が得られるかどうかはわかりませんが。堅い組織で働くのに向いている人です。

**Ⓑを選んだ人……「自然な敬意」を表わすので、よくかわいがられる**

あなたは、目上の人からかわいがられやすいタイプ。目上の人の立場や心情にも配慮し、敬意を抱いていると感じさせるふるまいができます。うまく上司を頼ることができる人です。組織や団体の上役、権威を重んじるタイプの保守的な上司からも受けがよいはず。

そこそこ仕事をしていれば、多少のことは大目に見てもらえるでしょう。ただし、上司に都合のいいように使われないよう、主体性を持った行動を。

**Ⓒを選んだ人……「生意気なやつ」と思われているかも……**

あなたは、目上の人からはかわいがられないタイプ。生意気だと思われることが多いでしょう。とくに堅い組織や団体の上役、権威を重んじるタイプの保守的な上司などからは好まれないタイプです。スタンドプレーがすぎると思われ、あなたががんばればがんばるほど、ますますかわいがられなくなる可能性が。

もし、目上の人にかわいがられたいと思うなら、ワンマン的な会社の社長や、独立独歩で道を切り開いている自由な考え方の人の懐《ふところ》に飛び込むとよいでしょう。

# TEST 46 長生きしたときのことを想像すると——

自分が長生きをして、
年をとったときのことを考えて、
いちばんつらいだろうと思うのはどんなことですか。

次の三つのうちから、
いちばんつらいと思うことを選んでください。

Ⓐ記憶力が衰《おとろ》え、物覚えが悪くなったり、物忘れをすること。

Ⓑ運動機能が衰え、体のあちこちがだんだん自由に動かなくなっていくこと。

Ⓒ同じ世代の友人・知人が、だんだんいなくなっていくこと。

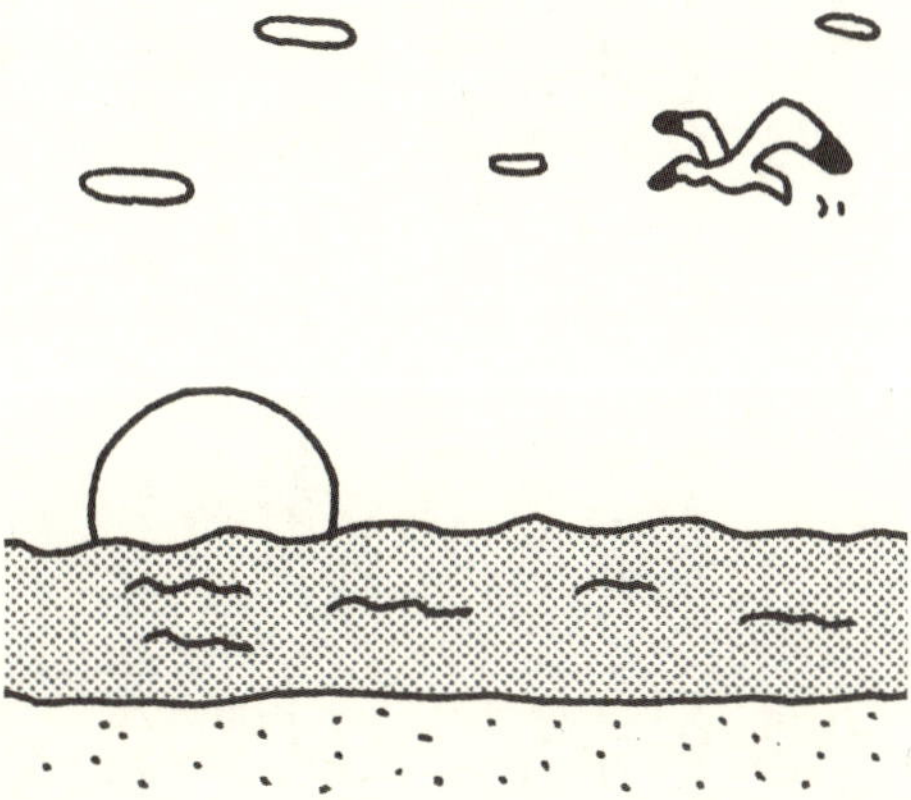

## TEST 46 診断

# 長生きしたときの心配事から、あなたの「生きる理由」がわかります

あなたが選んだ答えは、あなたが人生でもっとも大切にしているものです。それさえあれば、他のものが失われたとしても生きていけると感じているものです。そういったものを手放さないために、どうすればいいかをお伝えします。

### Ⓐを選んだ人……「なぜ生きるのか」を発見し続けたい

あなたは自分がこれまで生きてきた証を求める人。人生に「生きる意味」を見出したい人です。あなたにとっての過去は、単なる思い出ではなく、今もリアルに息づいているもの。楽しいこと、うれしいことだけでなく、つらいことや悲しいことも含めて、人生の彩りとなっているのです。

ことあるごとに美しいものに触れ、よい趣味を持ち、知識を身につけ、そのときどきに感じたことを大切にしましょう。詩や小説、絵画・写真、モノ作りなど、自分の中にあるものを表現するための、なんらかの手段が必要です。

### Ⓑを選んだ人……「私は私」としっかり自立していたい

あなたは自立していたい人。人の世話にならず、自分のことはなんでも自分でできる人間でありたいと思っています。他人に干渉されるのを嫌い、自分と他人との間の境界線がはっきりしていて、自分のテリトリーには踏み込まれたくない人です。

あなたがその生き方を大切にしたいと思うなら、最低限自分で自分を養えるだけの力をつけておかなければなりません。親や結婚相手に頼るわけにはいきません。何かあったとき、自分で稼げる仕事や技術を身につけておきましょう。

### Ⓒを選んだ人……他人と「心」でつながっていたい

あなたは、社会とのつながりを求めている人。社会から孤立した生き方はしたくないと思っています。一対一の関係よりも、グループや組織の中で自分の役割を見出す人です。それが社会からの承認になり、自分の居場所が見つかると思うからです。自分が共感できる活動を行なっているグループや団体の活動に加わるとよいでしょう。出会った人にはＳＮＳで友達申請するなどして、つながりを広げていきましょう。また、自分とは世代の違う人（年上も年下も）とも友達になりましょう。

TEST 47

# 三日後に地球が滅亡するとしたら？

三つの質問です。順に答えてください。

Q1：三日後に地球が滅亡することになりました。誰一人生き残れません。
それまでに、あなたがやっておきたいことは何ですか？

Q1の問いに答えてから、次の質問に答えてください。

Q2：もう一度質問です。
三日後に地球が滅亡することになりました。誰一人生き残れません。

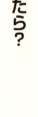

それまでに、あなたがやっておきたいことは何ですか？
Q1の答えのままでいいですか？

Q2の問いに答えてから、次の質問に答えてください。

Q3：もう一度聞きます。
三日後に地球が滅亡することになりました。誰一人生き残れません。
それまでに、あなたがやっておきたいことは何ですか？
Q1、Q2の答えのままでいいですか？

## TEST 47 診断

# 三つの質問への答えから、あなたの「意識下ないし無意識にあるもの」がわかります

三つの質問にあなたはどう答えたでしょうか。Q１とQ２の答えは同じでしたか？Q３の答えはどうですか？

聞かれてすぐに出てきた答えは、あなたの意識の表層、つまり意識の浅い部分にとどまっている思いです。そこにあるものの多くは、他人の言動に対する反応や雑念、テレビやネットの情報などから刺激を受けた欲望です。あなたの本当の思いは、意識の下に埋もれてしまっているのです。

同じ問いを繰り返すことによって、あなたは答えを探すために、意識の浅い部分から、少し深いところへと移っていきます。そして、次第に自分の中にある大切なものに触れていくのです。

たとえば、ある女性は最初の質問に、「今あるお金を全部使って贅沢したい、おしゃれしてイケメンを引き連れ、好きなだけ飲んだり食べたりしたい」と言っていましたが、二度、三度目の質問になると、「けんか別れした彼と和解しておきたい」「も

う一度、一緒に過ごせる時間があればうれしい」といった答えに変わっていきました。

ある男性は、最初の質問に「いろいろな女性とつきあって、楽しい時間を過ごしたい」と答えました。でも、同じ質問を繰り返すうち、「家に帰って、妻や子供と一緒にいる時間を大切にしたい」という考えに変わりました。

また、ある女性は、最初の質問に、「ひどいことをされて、どうしても許しがたい人がいる。その人に仕返しをしておきたい」と言っていましたが、二度目、三度目と問いを繰り返すうちに、そんなことは馬鹿らしいと思うようになり、もっと自分の心の中にある大事なものに気づいたのでした。

さて、あなたはどうでしょう？

三回とも、同じ答えが出たとしたら、あなたは表層の意識にとらわれ続けているのか、それともふだんから、自分の心の深いところに触れている人なのか、どちらかでしょう。

日ごろ、意識の浅いところにとどまっている人の答えは、欲望を満たすものになり、意識の深いところに触れようとしている人の答えは、しみじみとしたものになります。

TEST 48

# 友達から、間違いメールが届いてしまった！

（こんなときどうする？）

友達の一人が、他の友達に宛てたメールが、
あなたのところに届きました。

そのメールには、なんと、
あなたの悪口が書かれていました。

どうやら、送り先のメールアドレスを間違えたようです。
それを読んでしまったあなた。どうしますか？

Ⓐすぐ削除し、メールを書いた友達には何も言わない。

Ⓑ「あて先、間違っているのでは？」と書いて、そのメールを友達に返送する。

Ⓒ二人の友達とは別の友達に「こんなことがあった」と話す。

Ⓓ今度、本人に会ったとき、「メールの宛先は、よく確認したほうがいいよ」と言う。

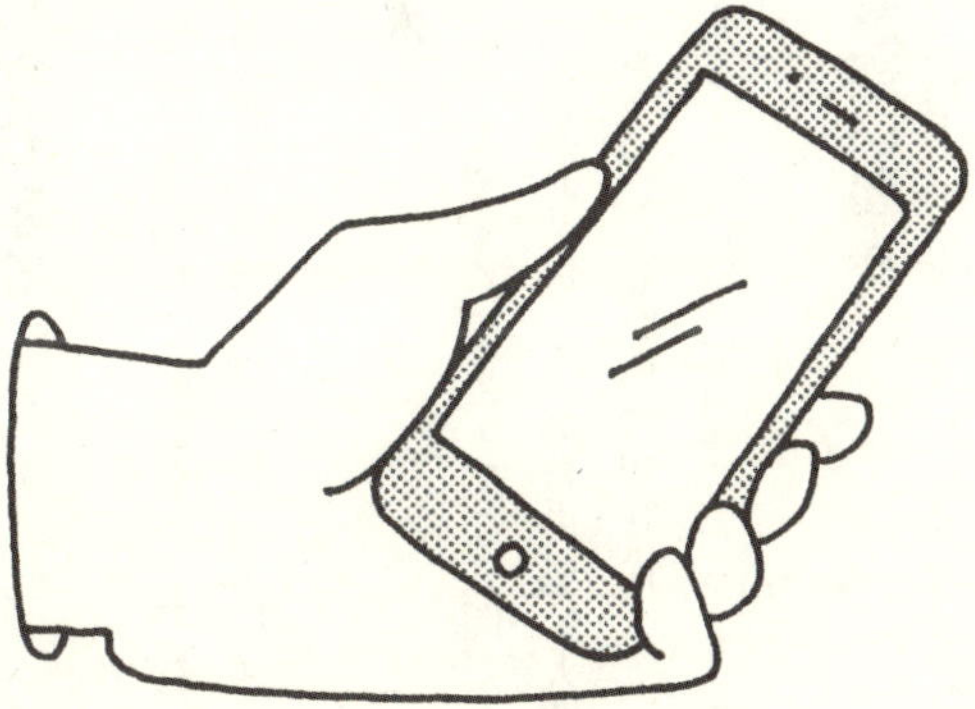

## TEST 48 診断

# ひどい内容のメールへの対処法から、あなたの「隠している悪人の顔」がわかります

これは自分を傷つけた人に対するリベンジの仕方を表わしています。そこからあなたがどんな悪人になりうるのか、あなたの中にある悪人要素を探ってみましょう。

**Ⓐを選んだ人……同情心のない、冷酷な悪人**

黙ってメールを削除するあなたは、自分では傷つきやすくナイーブな人間だと思っているかもしれませんが、本当はとても冷酷《れいこく》になれる人。自分に都合の悪い人間や気に入らない人間は、「あんたなんかに用はない」と、いとも簡単に切り捨ててしまえるでしょう。そんな同情心のかけらもない悪人があなたの中に潜んでいるようです。

**Ⓑを選んだ人……やられたらやり返す、執念深い悪人**

メールを返送するあなたは、自分は何も悪いことはしていないと思っているかもしれませんが、本当はとてもサディスティックで残酷な人。自分がされたことは決して

忘れず、必ず報復しようとするでしょう。やっつけてやりたい相手に対しては、とことんビビらせようとします。そんな執念深い悪人があなたの中に潜んでいそう。

**Ⓒを選んだ人……こそこそ裏工作をする、陰湿な悪人**

他の友人に話すあなたは、自分はとても誠実だと思っているかもしれませんが、本当は計算高いところのある人。自分は表に出ずに裏工作し、秘密裏に物事を進めていこうとします。被害にあっているのは自分だと言い立てて、他人を窮地《きゅうち》に陥れようとする悪人です。そんな陰湿な悪人があなたの中に潜んでいるようです。

**Ⓓを選んだ人……平気でウソもつける、詐欺師的な悪人**

本人に直接言うというあなたは、自分では親切と思っているかもしれませんが、本当はとても意地悪な人。嫉妬心が強く、自分より目立っている人間は気に入らず、引きずりおろしたくなります。標的と見なした人間の悪い噂を流そうとするかもしれません。自分が勝つためにウソもつきながら、目の前にいる人には平気で笑顔を向けられるような、詐欺師的な悪人があなたの中に潜んでいるのかも。

TEST 49

# 水族館で、いちばん目を惹きつけられた水槽は?

水族館を訪れました。
あなたがいちばん心惹かれた水槽には、どんな海の生物がいたでしょうか?

Ⓐ 深海魚
Ⓑ クラゲ
Ⓒ いわしの群れ
Ⓓ 熱帯魚

TEST 49 診断

関心を抱く水族館の生物から、あなたの

# 「心惹かれる、目に見えない世界」がわかります

水族館の生物は、不思議な魅力にあふれています。どんな生き物に心惹かれるかで、あなたのセンス・オブ・ワンダー（＝不思議さに感嘆する感性）を診断します。

## Ⓐを選んだ人……「謎」「ミステリー」に心をかき立てられる

深海魚はいまだ謎の多い生き物です。あなたは自分自身を含めて、この世界を〝謎〟ととらえているようです。何億光年も彼方《かなた》の宇宙から、顕微鏡でしか見えないミクロの世界まで、たくさんの謎があるからこそ、ワクワクする気持ちになるのでしょう。そういったものへの興味が、頭の中の空想世界を刺激するに違いありません。

## Ⓑを選んだ人……「神秘的なもの」「美しいもの」に感動を見いだす

クラゲはフワフワと海の中を漂う生き物。あなたはこの世界も不確かで、揺らぎに満ちたものと感じているようです。自分自身も感情の波に翻弄《ほんろう》され、不確かな存在と

感じることもあるのでは？　あなたは深い感動を呼び起こすような美しいものを求め、自分も美しくありたいし、美しい人に出会えば、その出会いを神秘的と感じます。

### Ⓒを選んだ人……「個」と「世界」のリンクに、不思議を感じる

いわしの群れは数多くの個体が集まり、その影はまるで一匹の巨大な魚のようにも見えます。あなたはこの宇宙は個人の意思を超えたもので、自分はその中ではとるに足りない小さな存在だと感じることがあるようです。その一方で、群れの中の一匹の動きが全体の動きを変えるように、自分の意思がこの世界にも反映すると考えてもいるようです。そして、宇宙の創造者や神のような存在に関心を抱いているのでは？

### Ⓓを選んだ人……「ポジティブ・シンキング」の力を信じる

熱帯魚はカラフルで美しい魚。南のサンゴ礁《しょう》の海への憧れを感じさせます。あなたは、人は幸福になるために生まれてきたと信じている人。もちろん、自分も幸福になりたいし、成功したいという思いも強いようです。何事もポジティブに受け止め、強く願うことで、幸運や成功を引き寄せられると考えているようです。

TEST 50

# あなたがときおり体験する、心の状態は?

これまでにあなたが体験した中で、
自分は「こんなふうになりやすいなあ」と、
心当たりのある心理状態はどれですか?

Ⓐ ゆううつになり、
「ああ、もう絶望的」と思う。

Ⓑ 何も感じなくなり、
自分の世界に引きこもる。

Ⓒ 不安が高まり、
じっとしていられなくなる。

Ⓓ イライラし、
自己嫌悪に陥り、自分を責める。

TEST 50 診断

陥りやすい心理状態から、あなたの

# 「本当の自分の探し方」がわかります

陥りやすい心の状態から、あなたがまだ気づいていない、本当の自分が浮かび上がってきます。本当の自分の探し方をお教えします。

**Ⓐを選んだ人……一度「自意識」をぬぐい去ろう**

あなたは何をするにもつねに自意識がつきまとい、自分を客観視することができない人。あなたの自意識は、そのときの気分や感情と結びつき、絶えず揺れ動きます。だから、自分が何者かわからなくなり、本当の自分は「今ここ」ではないどこかにいるはずと思ってしまうのです。「自分探し」という言葉は、あなたに何か甘くロマンチックな響きを感じさせるでしょう。

あなたが本当の自分と出会いたいと思うなら、つねに自分にまとわりついてくる自意識をぬぐい去ることです。自意識を引きはがしたところに、純粋に感じ、考え、行動する本当のあなたがいるはずです。

**Ⓑを選んだ人……「五感」を敏感にして、リアルな現実を味わおう**

あなたは、自分のことをある程度客観視できる人。ですが、自分自身の内面の奥深くにある本当の感情には触れていません。あなたの視野は、穴の中に引きこもり、その穴から空を見上げて星の輝きを目にしているようなもの。周りの草や木や自然に触れず、花の香りも感じられず、五感を十分に使っていない頭でっかち。現代人によくあるタイプです。

あなたにとって本当の自分とは、もっとリアルな現実に触れることで、立ち上がってくる人間らしい感情を持った自分です。自分に対してやさしいまなざしを向けましょう。シニカルになる必要はありません。

**Ⓒを選んだ人……「体を鍛える」ことで、心をからっぽにしよう**

あなたは複数の自分を抱えている人。どの自分も決定権を持たず、頭の中でいろいろな声が聞こえてくるのでしょう。自分の内面を振り返れば、万華鏡のように自分がばらばらになり、姿を変えていく存在のように思えるかも。自分が何を求めているのかわからず、ただ周りの期待にあわせて行動するほうがラクかもしれません。

本当の自分を見つけたいと思うなら、何も考えないようにすることです。あなたの場合、いちばんいいのは体を鍛えることです。体を鍛えることで、地に足の着いた安定感を得て、不安になることが少なくなり、自分に自信が持てるようになります。そうすると、おのずと本当の能力を発揮できるようになるでしょう。

## Ⓓを選んだ人……「常識にとらわれている見張り役」を追い出そう

あなたの心の中には、自分を見張るもう一人の自分がいます。それは社会にうまく適応していくために、あなたにああしろ、こうしろ、こうするなと命じる声なのです。

見張り役は、あなたの心の奥底から湧き上がってくる欲求を恐れています。そういうものを解放したら、道徳的に、性的に、人間的に堕落《だらく》してしまうのではないかと恐れているのです。でも、そんなことはありません。見張り役の声に従っている限り、あなたは自由な想像力や創造力を発揮することができません。

本当の自分を見いだすためには、この見張り役の自分を心の外に追い出し、内面の奥深くから湧き上がってくる欲求に耳を傾けてみることです。

本書は、本文庫のために書き下ろされたものです。

当《あ》たりすぎてつい眠《ねむ》れなくなる心理《しんり》テスト

著者　中嶋真澄（なかじま・ますみ）
発行者　押鐘太陽
発行所　株式会社三笠書房
〒102-0072 東京都千代田区飯田橋3-3-1
電話　03-5226-5734（営業部）　03-5226-5731（編集部）
http://www.mikasashobo.co.jp
印刷　誠宏印刷
製本　ナショナル製本

 ISBN978-4-8379-6807-8 C0111

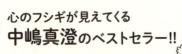